눈 감고 만져보는 하나님 이야기

하나님은 하나님이다

하나님은 하나님이다

초판 발행 | 2020년 1월 1일

글쓴이 | 맹경재

발행처 | 아름북스

주소 | 부천시 길주로 77번길 61 부건프라자 401호

전화 | 032-322-9111

이메일 | armbooks@naver.com

홈페이지 | www.armbooks.kr

ISBN | 979-11-969060-0-9 (03230)

- 가격은 뒤표지에 있습니다.
- 잘못된 책은 교환해드립니다.

하나님은
하나님이다

눈 감고 만져보는 하나님 이야기

맹 경 재 지음

아·름·북·스

추천의 글

오성종 목사

前 칼빈대 교수(신대원장 · 신약학 전공)

교의학자가 아닌, 목회자의 눈과 심정으로 하나님께 대한 교리 (신론, 神論)를 풀어 쉽게 이해할 수 있도록 설명해주는 저자의 시도가 매우 참신합니다. 사실 신구약 성경에서도 신론이나 기독론이나 구원론 그 어떤 교리도, 일반 교의학 책에서처럼 이론적으로 서술하고 있는 곳은 없습니다. 하나님께 대한 교리는 이스라엘 백성의 구체적인 역사 속에서 계시되고, 경건한 성도와 교회의 삶과 사역 속에서 증거되고 있습니다. 매우 체험적이고 주관적인 서술들입니다만, 성령의 감동 속에서 기록된 것이기에 진리입니다.

저자가 풀어내고 있는 '내러티브 신론'의 강점은 '적용'에 있는 것 같습니다. 하나님에 관한 교리를 섬세한 목회자적인 관점에서 성도들의 눈높이에 맞춰 설명하면서 구체적으로 적용시키고 있습니다. 성경의 교리를 가르치는 목적은 성도의 사고와 세계관과 삶을 변화시키고 성화에 이르도록 하는데 있다는 저자의 신념을 느끼게 해줍니다.

이스라엘 백성들은 하나님을 섬기는 선민이라 자처했으나 하나님에 대한 바른 지식이 없어서 망하게 되었다고 호세아 선지자는 탄식하였습니다(호 4:6; 6:3). 오늘날 한국교회와 성도들에게 있어서 근본 문제도 하나님에 대한 지식이 부족하고 또 왜곡되어 있다는 점이겠습니다.

저자의 '내러티브 신론'은 어려운 교리를 쉽고 재미있게 서술해 주어 술술 읽어나가게 해주는 문학적 매력이 있는 것 같습니다. 교리와 설교와 간증이 문학이라는 수단을 통해 아름다운 내러티브로 탄생되어 나타난 창의적인 작품을 대하는 느낌입니다.

모든 평신도들과 특히 목회자들에게 적극 권하고 싶은 책입니다.

전철민 목사
前 강남대학교 교목 • 조직신학 교수

처음에는 덤덤한 마음으로 책을 읽었는데, 뭔가 예사롭지 않은 풍경이 보이고, 따스한 햇볕이 양 볼에 와 닿는가 싶더니, 갑자기 가슴이 뭉클하는 대목이 두어 차례 다가왔습니다. 몇 차례 눈시울을 적시면서 신음하듯 짤막하게 기도가 터져 나오기도 했네요.

이런 글을 읽기는 흔치 않았어요. 바쁜 일정 속에 몇 시간 동안 단번에 독파한 것도 내겐 드문 일이었습니다.

저자에게 감사하고, 이런 글을 쓸 수 있도록 오랜 기간 만나서 함께 친구가 되어주신 주님과 아버지 하나님의 자상하심을 찬양합니다. 특별히 거짓으로 가득 찬 이 세상 가운데서 맹경재 목사님이 조롱과 불이익을 기쁘게 감수하면서까지 정직한 영으로 살 수 있게 인도하시고 세심하게 도우신 절대정직(Absolute Honesty)이신 성령님을 기뻐하며 찬송합니다!

모쪼록 많은 분들이 이 책을 읽어서, 저자는 "눈 감고 만져보는 하나님 이야기"를 썼지만, 독자들은 "눈 뜨고 만져보는 아버지와 성령과 예수님 이야기"들을 써서 하나님과 함께 우리 모두 크고 많은 기쁨을 풍성히 나눌 수 있기를 기원합니다.

박영창 목사
前 국회기도회 부회장·『남성중심 문화와 한국종교』 저자

'아브라함의 하나님'이 아닌 '나의 하나님'을 만나는 책

하나님은 창세전에 그리스도 안에서 우리를 선택하시고, 그 기쁘신 뜻대로 우리를 예정하사 자기의 자녀 되게 하신 사랑이 풍성하신 분입니다.

이 책은 무엇보다 먼저 이 '사랑의 하나님'을 만나기를 원합니다. '아브라함의 하나님', '이삭의 하나님'이 아닌, 나를 지극히 사랑하시는 '나의 하나님'을 구체적이고 체험적으로 만나는 길을 제시합니다. 죄인인 나를 구원하기 위해 독생자 예수를 십자가에 못 박는 하나님의 헌신적·무조건적인 사랑을 깨달은 자만이 이웃에게 그 사랑을 실천할 수 있습니다.

둘째, '위로의 하나님'을 신뢰하기를 원합니다. 나그네 인생살이, 고해(苦海) 같은 세상에서 우리를 위로하고, 도울 수 있는 것은 돈·권력·지식과 사람이 아니라 긍휼이 풍성하신 자비의 하나님 한 분뿐입니다.

IMF 때 맹 목사님이 운영하던 디자인 회사는 길바닥에 나앉았으나 절망한 자의 눈물을 닦아 주시는 하나님의 도움으로 기적적으로 반전(反轉)한 이야기는 흥미진진합니다.

셋째, '친구 하나님'과 교제하기를 원합니다. 창조주 하나님께서 벌레와 구더기 같은 저희를 예수님의 십자가 공로로 친구 삼아 주심은 얼마나 큰 영광인지요? 언제나 우리를 기다려 주고 대화하고 동행하는 신실한 친구를 만나는 기쁨은 참으로 놀랍습니다.

이 장을 읽다가 문득 "하나님을 믿을 수 없어요", "성경공부가 어려워요" 하는 카톡 친구가 생각났습니다. 그에게 가장 먼저 이 책을 전하고 싶습니다. 그리고 험한 세상에서 지치고 푯대 없이 방황하는 분들과, 창조주 하나님을 '나의 하나님'으로 만나고 싶어하는 모든 주의 자녀들에게도 꼭 추천하고 싶습니다.

· ·

서형섭 목사
복음생명선교회 대표, 『복음과 생명』저자

저자인 맹경재 목사님은 교리에 갇힌 종교인이 아니라서 참 좋습니다. 만나면 어떤 이야기라도 편안하게 나눌 수 있는 몇 안 되는 동역자이십니다.

"하나님은 하나님이다" 사실 흔한 제목이라서 큰 기대 없이 책을 읽기 시작했습니다. 그런데 목사님이 펼쳐가는 하나님 이야기에 깊이 빠져들어 눈을 떼지 못했습니다.

이 책은 일상의 소소한 이야기에서 시작하여 하나님에 대하여 누구나 가지고 있는 물음을 제시합니다. 거기에 탁월한 지성과 풍부한경험이 깊은 영성과 어우러져 하나님 이야기를 엮어갑니다.

창조, 구원, 사랑, 평화, 공의, 은혜, 위로, 두려움, 신뢰, 능력, 정직, 비전등 하나님의 본질을 쉽고 명확하게 드러냅니다.

인간에게 하나님은 "무한한 질적 차이"의 현존이십니다.

그러나 그분은 성육신하여 우리와 함께 하시는 하나님이십니다. 저자가 풀어낸 하나님 이야기를 통해 초월의 하나님을 평범한 일상에서 만나게 됩니다.

한국교회의 위기는 하나님과의 친밀성에 근거한 정체성의 상실과 신자의 사회적 책임을 요구하는 적합성의 부재에 있다고 봅니다. 이 책을 읽으며 이 두가지, 친밀성과 적합성의 갈망이 충분히 해소되는 은혜를 입었습니다.

개인적으로 마음에 담긴 내용은, 하나님에 대해 가르치는 자로서 "나는 하나님께 어떤 존재인가?"를 묻는 대목이었습니다.

하나님을 위한 일보다 하나님이 하나님이심을 알고 그분과 누리는 교제를 더욱 사모하게 됩니다.

책 머리에 드리는 글

하나님과 대면하여 묵상할 때 주시는 말씀을 묻어버릴 수 없는 간절함으로 오랫동안 글을 써왔습니다. 하나님의 은혜로 지난 4월 첫 번째 책 『행복만찬』을 냈습니다.

그러나 일반출판사에서 나온 탓에 '갓피플 몰'을 제외한 기독교 서점의 벽을 넘지 못하여 인터넷서점과 일반서점에만 진열했습니다. 그럼에도 불구하고 초판이 거의 소진되고, 몇몇 인터넷 서점과 오프라인 대형서점에서 베스트셀러의 대열에 오르기도 했습니다.

그 성과에 힘입어 출판사 '아름북스'를 만들고 두 번째 책을 냅니다. 표지부터 내지 디자인과 편집에 이르기까지 모든 과정을 기도하면서 직접 만들었습니다. 말씀을 다듬는 과정에서 기존의 예화와 주석이 일부 인용되었지만, 거의 모든 내용이 묵상을 통하여 주신 말씀에 저의 경험을 적용하여 엮은 하나님 이야기입니다.

부족한 종에게 말씀을 주신 주님의 은혜에 감사드리며, 추천해주시고 자상하게 감수해주신 은사님과 선배, 동료 목사님들, 그리고 응원해주신 모든 분들의 기도와 격려에 감사드립니다.

아름다운 소망을 꿈 꾸는 맹경재 목사 드림

이야기 순서

첫 번째 이야기

하나님을 아세요?

하나님을 아세요?

하나님을 잘 아시면 저에게 이야기해주실 수 있나요? 하나님이 어떤 분인지, 생김새는 어떠하시고, 성품은 어떠하시며, 어떤 일을 하신 분인지, 하나님에 대하여 알아듣기 쉽게 설명해주실 수 있나요? 하나님이 얼마나 탁월하신 분인지 일반적인 신앙인의 지식과 상상력을 뛰어넘는 표현으로 말씀해주실 수 있나요? 하나님에 대하여 더 많이 알고 싶어 하는 사람들의 영적 목마름을 시원하게 해갈할 수 있는 명쾌한 답변을 주실 수 있나요?

죄송하지만 그것은 불가능한 일입니다. 하나님을 아는 지식이 아무리 풍부한 사람이라도 피조물인 인간이 창조주이신 하나님을 완전하게 안다고 할 수는 없기 때문입니다. 하나님이 하신 일을 어느 정도는 기록할 수 있을 것입니다. 그리고 그런 기록은 이미 많이 나와 있습니다. 하지만 이 세상에 존재하고 있는 어떠한 기록으로도 하나님을 완전히 알기에는 부족합니다.

가장 완전한 책이라는 성경이 있습니다. 하나님의 사람들이 성령의 감동으로 기록한 글입니다. 하나님께서 사람의 손을 통하여 자신의 존재를 말씀하신 것이기에 하나님을 알기에는 가장 완전한 책입니다. 그러나 그것을 해석하는 인간의 지혜가 부족하기에 하나님의 말씀조차도 하나님을 완전히 알게 할 수는 없습니다.

누구도 하나님이 하신 일을 빠짐없이 기록할 수는 없습니다. 그것을 모두 아는 사람도 없을 뿐 아니라, 그것을 모두 기록하기에는 인간의 수명이 너무 짧고, 이 땅이 너무 좁기 때문입니다.

하나님의 전지전능하심, 탁월하심을 나타낼 수 있는 표현도 인간의 언어에서는 찾을 수 없습니다. 그러기에 아무리 하나님을 잘 아는 사람이라도 하나님을 완전하게 안다고 할 수는 없습니다.

하나님은 ~하나님이다

제가 섬기는 미소교회에는 교회를 옮겨오신 성도들보다 처음 예수를 믿는 분들이 더 많습니다. 대부분 미소교회에서 세례를 받은 분들이라 교회 분위기가 남다르게 화기애애하고 결속력도 강한 편입니다. 하지만 아직 신앙적인 지식이 부족하여 주님께 온전히 헌신하여 섬기는 일에는 서투른 부분이 없지 않습니다. 그래서 몇 주간의 특별한 성경공부를 진행한 일이 있었습니다.

첫 시간의 주제를 '하나님을 아는 지식'으로 정하고 성도들에게 포스트잇을 세 장씩 나누어주었습니다. 그리고 하나님에 대하여 알고 있는 것, 본인이 아는 하나님을 정의할 수 있는 단어를 세 가지씩 쓰라고 했습니다.

'하나님은 어떤 분이신가?' 문장으로 쓰지 말고 한 단어 또는 두세 단어의 한 절로 쓰라고 했습니다. 깊이 생각하지 말고 아주 단순한 마음으로, 평소 생각해오던 느낌대로 써보라고 했습니다. 그리고 그것을 단어의 주제별로 분류하여 한 장씩 칠판에 붙이면서 서로의 생각을 나누어 보았습니다.

사랑. 은혜. 아버지. 믿음의 대상. 정의로운 분. 만왕의 왕. 우리가 믿는 신. 전능자. 위로자. 창조주. 천지 주관자. 성부. 은총. 긍휼하신 분. 병 고쳐주는 분 등등…

어쩌면 그렇게 생각들이 다른지, 다양한 내용의 정의들이 나왔습니다. 물론 중복된 단어도 찾아 볼 수 있었습니다만, 나누는 시간을 기름지게 해 준 독특한 정의가 많이 나왔습니다. 그런데 다른 의미에서 기억에 남는 정의도 있었습니다. 그것은 '기독교의 신'이라는 단어였습니다. 이 질문이 학교의 시험이었다면 정답이라고 할 수도 있겠죠. 하지만 조금이라도 믿음이 있는 성도라면 상상할 수 없는 영적 무지를 드러내는 것입니다.

다양한 정의 중에 가장 인상 깊었던 정의 중 하나가 '내 님'이었습니다. 정이 듬뿍 묻어나는 표현이죠. 만에 하나라도 장난으로 쓴 것이 아니라면, 하나님을 서슴없이 '내 님'이라고 부를 수 있는 성도는 믿음의 내공이 상당한 경지에 올라있을 것입니다. 이 작업을 통하여 미처 생각하지 못했던 다양한 모습의 하나님을 만날 수 있었습니다. 작업을 마치며 성도들에게 이렇게 말해 주었습니다.

하나님은 한 단어로 정의할 수 있는 분이 아닙니다. 그러나 한 단어로 충분히 정의할 수 있는 분이기도 합니다. 문제는 그 단어에 담긴 의미죠. 하나님을 정의하는 사람의 신앙적 경험이나 총체적인 믿음 상태에 달려있는 것입니다.

예컨대 하나님을 '사랑'이라고 정의할 때, 내가 정말 하나님의 사랑을 몸 속 깊이 뼈저리게 느끼고 있다면 그 한 단어로 하나님을 충분히 나타내는 것이라고 할 수 있습니다. 그러나 목사의 설교를 통하여, 또는 '하나님은 사랑이시라'는 성경 말씀을 통하여 얻은 객관적인 지식으로 그렇게 정의한다면 그것으로는 부족하다는 것이죠.

하나님을 한 단어로 충분히 나타낼 수 있을 만큼 하나님의 사랑 안에 깊이 빠지기 위하여서는 하나님에 대하여 지금보다 더 잘 알아야 합니다. 그러기 위하여 하나님과 나의 관계가 객관적인 것이 아니라 철저히 주관적인 것이 되어야 합니다. 그러려면 하나님을 아는 지식이 꼭 필요합니다. 하나님에 대한 올바른 지식의 바탕 위에서 개인적인 믿음으로 하나님을 만나는 영적 경험이 있어야 견고한 믿음을 가질 수 있습니다.

하나님이 어떤 분인지 알아야 하는 근본적인 이유는 믿음의 성장을 위해서입니다. 믿음이 성장하면 그만큼 인격도 성숙해질 것입니다. 영적으로 견고해지고 인성이 좋아질 것입니다. 이렇게 믿음으로 거듭난 성도들이 사회 각 분야에서 기독교적 가치관을 바탕으로 활동한다면 세상은 더욱 깨끗해지고 더욱 온전해질 것이 틀림없습니다. 물론 성도 개인도 더욱 윤택한 삶을 누릴 수 있는 가능성이 커지게 될 것입니다.

그런데 지금 이 세상은 그렇지 못합니다. 하나님을 믿는다는 사람들은 많은데, 세상은 부정과 비리, 음란과 퇴폐적 문화로 가득

차 있습니다. 주일에만, 심지어 교회 안에서만 경건할 뿐인 가식적인 기독교인들의 타락과 일탈도 적지 않습니다. 전염병같이 번져나가는 번영신학의 영향으로 하나님에 대하여 온전히 알지 못하고 무조건 복 받기만을 바라는 영적 무지의 결과입니다. 하나님을 믿는다고 하는 사람들이 얼마만큼 하나님을 더 잘 알고 얼마만큼 성숙한 믿음이 되어야 깨끗하고 아름다운 세상이 올까요?

하나님에 관한 책은 넘치도록 많습니다. 대부분 유익하고 신앙의 성장에 도움이 되는 책들입니다. 그런데도 다시 같은 부류의 책을 내고자 하는 이유가 있습니다.

'장님 코끼리 만지기'라는 말이 있죠. 어느 대상에 대하여 자신이 가지고 있는 부분적인 지식이 그 대상의 전부라고 우기는 모습을 말하는 것입니다. 우리가 아는 하나님에 대한 지식이 이와 같이 부분적일 수밖에 없습니다. 그러나 그 부분적인 지식을 모으고 모아서 조금이라도 더 알고, 끊임없이 하나님을 알아가기 위하여 노력한다면 하나님에 대하여 좀 더 잘 알 수 있을 것입니다.

그러기에 독자들이 비록 '눈 감고 하나님을 만지는 것'과 같이 하나님에 대한 단편적인 지식을 얻게 되더라도, 그 하나하나의 경험과 지식을 소중하게 여기며 끊임없이, 조금씩 더 하나님을 알아가는 일에 쓰임받기 위하여 이 책을 쓰는 것입니다.

단편적인 지식과 경험이라고 전제했지만, 절대로 호락호락하지 않았던 인생길에서 수없이 만나고 부딪히며 깨닫게 된 하나님의 실존을 이야기 형식으로 정리했습니다.

처음 하나님을 알아가는 분이나 하나님과의 첫사랑이 식어서 영적 타성에 젖어있는 분이라면 이 글이 적지 않은 도움이 될 것이라는 믿음이 있습니다. 성도들에게 하나님의 실존을 잘 이해시키고 싶은 목회자들에게도 도움이 될 수 있을 것입니다.

가볍게 읽을 수 있는 글이지만, 내용의 무게만큼은 절대로 가벼운 글이 아닙니다. 이 책의 마지막 장을 덮을 때, 하나님이 왜 하나님이신지 깨닫고, 정말 살아계신 하나님을 만났다고 고백할 수 있기를 기대하며 축복합니다.

두 번째 이야기

스스로 계신 하나님

창조론과 진화론

오랫동안 루게릭 병을 앓다가 세상을 떠난 영국의 물리학자 스티븐 호킹 박사는 2010년에 펴낸 책 『위대한 설계(The Great Design)』에서 우주의 창조과정에 신이 개입하지 않았다는 주장을 하였습니다. 그는 "우주가 혼돈으로부터 창조되었을 리는 없으므로 우주가 신에 의하여 설계되었을 것이라는 믿음은 잘못"이라며 "중력과 같은 법칙이 있으므로 우주는 무에서부터 스스로 창조가 가능했다."라고 주장했습니다.

이것을 『자발적 창조』라고 정의하면서 이러한 과학의 설명이 온전하므로 신학은 불필요하다고 주장했습니다. 이러한 호킹 박사의 주장에 대하여 영국 왕립연구소장을 지낸 옥스퍼드 대학의 그린필드 박사는 언론 인터뷰를 통하여 이렇게 반박했습니다. "호킹은 과학계의 탈레반이다. 과학은 일부 학자들의 우쭐거림에 종종 시달린다. 자신이 옳다고 여기는 사람만큼 무서운 것은 없다."

당시 호킹의 주장에 대하여 많은 무신론자와 진화론자들, 특히 기독교 반대세력들이 열렬한 환호를 보냈습니다. 그런 까닭에 이 책이 미국과 영국에서 베스트셀러 1위에 오르기도 했고, 우리나라에서도 큰 인기를 끌었습니다. 호킹 박사를 지지하는 사람들은 그의 연구가 역사를 바꿀 것이라고 하면서 큰 의미를 부여했습니다. 하지만 그가 주장하는 중력의 법칙은 어떠한 논리적 근거도 제시할 수 없는 것입니다. 우주가 혼돈으로부터 창조되었을 까닭이 없다는 것도 호킹 자신만의 주장일 뿐입니다. 그러니까 호킹의 자발적 창조론은 자신이 세운 근거 없는 가설로 신의 존재를 부정하고 있는 궤변에 다름 아닌 것입니다.

다윈의 진화론이 사실상 모순이 많은 허구적 이론이라는 주장이 점점 더 설득력을 얻어가고 있는 상황에서 아무것도 존재하지 않는 전무의 상태에서 무엇인가가 만들어진다는 것은 과연 가능한 가설일까요? 오히려 물리학의 기본이 철저하게 '유(有)'에서 시작한다는 사실에 기초해볼 때 그의 이론은 모순적 허구일 수밖에 없는 것입니다. 그러기에 이러한 모순을 바탕으로 한 허구적 가설보다는 창조의 능력을 소유한 어떤 존재가 있다는 가설이 오히려 상식적이라고 할 수 있는 것입니다. 그리고 그것이 가설이 아닌 명백한 사실이라는 것을 우리는 알고 있습니다.

태초부터 우주 만물을 창조한 존재! 바로 우리가 믿는 하나님입니다. 그렇다면 하나님은 과연 어떤 분입니까?

하나님이 모세에게 이르시되 나는 스스로 있는 자이니라 또 이르시되 너는 이스라엘 자손에게 이같이 이르기를 스스로 있는 자가 나를 너희에게 보내셨다 하라(출애굽기 3:14)

"나는 스스로 있는 자이다." 하나님이 누구이신가 하는 모세의 물음에 대하여 하나님께서 직접 대답하신 말씀입니다. 하나님은 어떤 다른 존재에 의하여 만들어진 존재가 아닙니다. 아바타와 같이 어떤 다른 존재에 의하여 조종되는 분은 더더욱 아닙니다. 하나님은 어떠한 존재의 도움도 받는 분이 아닙니다. 그럴 필요가 전혀 없으신 분입니다. 하나님은 당신이 천지를 창조하시던 태초

이전의 무한하고 영원한 태초부터 스스로 계신 분이었습니다. 그리고 앞으로도 영원히 계실 분입니다. 하나님은 조금의 기울임도 없이 자존적이며 독립적인 분입니다. 그러나 하나님은 절대로 신비하기만 한 존재가 아닙니다. 우리의 창조주이지만 동시에 우리의 가족이요 친구가 될 수 있는 분입니다.

할아버지가 손자의 재롱을 보며 기뻐하듯이 하나님은 우리의 섬김을 받으시면서 기뻐하십니다. 그 기쁨을 우리와 공유하고 싶은 단순한 성정을 가진 분이기도 합니다. 하나님은 우리의 지식으로 이야기할 수 있는 분이 아니지만 하나님을 믿는 우리에게는 하나님을 아는 지식이 절대적으로 필요합니다.

하나님을 아는 지식과 하나님에 대한 지식은 엄연히 다릅니다. 우리에게 필요한 것은 하나님에 대한 지식이 아니라 하나님을 아는 지식입니다. 이를테면 하나님을 아는 지식에서 하나님은 우리의 창조주이시며 삼위일체 하나님이시며 전능하신 주님이십니다. 그러나 하나님에 대한 지식에서 하나님은 기독교라는 한 종교가 섬기는 신적 존재에 불과합니다. 이것은 엄청난 차이입니다.

세상의 신들과 종교의 한계
이 세상에 수많은 신들이 있습니다. 그러나 엄밀히 말하면 신이라고 일컬어지는 존재들이 있는 것일 뿐입니다. 참 신은 하나님 한 분 밖에 없습니다. 불교에서 섬기는 석가모니 부처님은 신이 아닙니다. 근본적으로 불교는 신을 믿는 종교가 아니라 자기해탈, 즉 깨달음의 종교입니다. 그러니까 처음부터 불교에는 신이 없는 것입니다. 고타마 싯다르타, 즉 석가모니 부처님은 수많은 부처님들 중에서 가장 깊은 깨달음을 얻은 분이라 그분을 중심으로 불교가 태동한 것일 뿐입니다.

인문학적인 관점에서 보면 불교는 꽤 괜찮은 종교입니다. 윤리적으로나 도덕적으로도 흠잡을 데가 별로 없을 만큼 올바른 것을 가르치고 있습니다. 그러나 그것은 사회이론에서 높은 점수를 받을 수 있는 것일 뿐, 영적인 분야와는 거리가 먼 것입니다. 객관적으로 올바른 것이라고 해서 모두 진리라고 할 수는 없습니다.

유교의 공자도 신이 아닌 것은 명백한 사실입니다. 유교는 본래 고대 중국에서 발생한 유학이라고 불리던 학문의 한 갈래에 종교적 의미를 부여한 것일 뿐입니다.

우리나라의 민속종교가 섬기는 단군은 한민족 최초의 나라인 고조선을 다스리던 제정일치 시대의 왕이었습니다. 그러나 왕인 동시에 제사를 주도하는 박수무당이었을 것이라는 주장이 학자들의 지지를 얻고 있습니다.

재론하자면 이분들이 모두 당대에 뛰어난 인간이었을망정 신이라고 불릴 이유는 조금도 없는 분들입니다. 그런데도 후세의 추종자들이 신으로 만들어 섬기고 있는 것입니다.

그밖에도 인류의 역사 속에서 또는 현실세계 속에서 자천타천으로 신이라는 이름을 얻고 세상에 횡행하며 추종자들의 섬김을 받는 존재들을 하나하나 짚어보세요. 혹세무민하는 이단 사이비의 가짜 신들과, 구약에 나오는 바알과 같이 어떤 목적을 위하여 만들어진 신들이 있을 뿐이죠. 무지몽매한 사람들이 맹목적으로 가짜 신을 추앙하고 따르면서 죄에 죄를 더하고 있는 것입니다.

참 신은 오직 하나님 한 분뿐입니다. 십계명을 통하여 말씀하신 바와 같이 유일하고도 참된 신이 우리 하나님 한 분뿐이라는 사실을 믿어야 합니다. 우리 하나님은 세상을 지으시고 다스릴 뿐만 아니라 세상의 시작과 마지막을 모두 주관하는 유일한 존재입니다. 참 신이기에 하나님을 믿고 하나님과 동행하는 삶은 세상에서 우월할 수밖에 없고 행복할 수밖에 없습니다. 그 복된 자녀의 반열에 오르는 은혜의 삶을 더욱 풍성히 누리기 원한다면 하나님에 대하여 더 잘 알아야 합니다.

하나님의 진리에 대한 오해

동국대학교에서 불교를 연구하고, 강남대학교에서 기독교를 연구했던 종교철학자 황필호 교수의 이론 중에 『가종론』이라는 것이 있습니다. '가(加)'는 '더할 가' 즉 무엇에 무엇을 더한다는 의미입니다. 종교인이 개종할 때, 대부분의 경우는 개종이 아니라 가종이라는 논리입니다. 즉, 자기가 믿고 있던 종교를 완전히 버리는 것이 아니라 그 종교의 토대 위에 새로운 종교를 덧입힐 뿐이라는 것이죠. 이 이론이 힘을 받는 이유를 교회 안에서 쉽게 찾아볼 수 있습니다. 예수를 오래 믿어서 장로가 되고 권사가 된 사람들, 심지어 목사로 섬기는 사람들 중에도 한국인 특유의 종교적 정서인 무속과 유교의 혼합된 종교성을 버리지 못하는 사람들이 많이 있는 것이 한국 교회의 부정할 수 없는 현실입니다.

늦은 나이에 예수를 만나게 되었지만 열심히 신앙생활을 한 덕에 권사로 피택 받은 분이 있습니다. 그런데 그때까지 가족구원을 못한 까닭에 완고한 남편과 장성한 자녀들을 설득하지 못하고 계속 시어른들의 제사를 지내고 있었습니다. 제사 문제 때문에 늘 간절히 기도하고 있었지만 막상 용기를 내지 못하고 있었는데, 권사가 되었으니 임직하기 전에 꼭 그 문제를 풀고 싶었습니다. 그래서 교회에서 친하게 지내던 선배 권사님을 찾아갔습니다.

그 권사님도 모태신앙은 아니지만 비교적 젊은 나이에 신앙생활을 시작해서 불신자인 남편을 전도하여 안수집사로 세워지도록 내조하고 자녀들까지 온 가족이 교회를 열심히 섬기고 있었습니다. 피택 권사는 그 선배 권사님에게 기도부탁을 했습니다. "권사님, 말씀드리기 부끄럽지만 제가 아직도 제사를 지내고 있습니다. 이제 권사까지 되었으니 남편과 자녀들을 잘 설득해서 앞으로 제사를 지내지 않게 되도록 주님께서 저에게 용기를 주시고 가족들의 마음을 붙잡아달라고 기도해주세요." 그 말을 들은 선배 권사님이 피택 권사의 두 손을 꼭 잡더니 이렇게 말했답니다. "권사님, 우리가 아무리 예수를 믿어도 부모님 제사는 지내드려야죠. 예수 믿는다고 제사도 안 지내면 부모님이 얼마나 서운하시겠습니까? 우리도 부모님 제사는 꼭 지내드려요."

어느 해 신년벽두에 인터넷으로 목사님들의 신년예배를 듣다가 하마터면 기절할 뻔한 일이 있었습니다. 영등포에서 비교적 큰 교회에 속하는 어느 장로교회의 목사님이 설교를 마무리하면서 이렇게 말했기 때문입니다. "황금돼지 해를 맞아 황금돼지의 복을 충만히 받으시길 주의 이름으로 축복합니다." 독일 유학을 다녀와서 중형교회의 담임을 맡은 장로교 장자교단의 목사가 설교하면서 주역의 12간지를 운운하는 것도 생각해 볼 일인데, 그 복을 받으라고 축복기도까지 합니다. 하나님의 복을 받아 누려야 할 성도들에게 돼지의 복을 받으라는 설교와 축도를 버젓이 하는 목사와 아멘으로 화답하는 성도들의 모습이 한국교회의 현실입니다.

이런 종류의 이야기들은 교회 안에서 얼마든지 찾아볼 수 있습니다. 바로 그런 이유에서 개종이 아닌 가종의 논리가 성립된다는 것입니다. 그래서 기독교 안에 여전히 기복신앙이 팽배하고, 이런 관점에서 신앙생활을 하다 보니까 우리 하나님이 조건부로 복 주시는 하나님으로 변질된 것입니다. 그뿐 아니라 잘못하면 바로 혼내는 하나님이라고도 합니다. 그래서 뭔가 잘못하면 하나님께서 바로 치신다는 이야기를 합니다. 무당들이 말하는 '살이 끼었다, 살 맞았다' 이런 개념과 비슷한 것이죠. 이런 이야기들이 모두 하나님에 대하여 잘못 알고 있기에 벌어지는 일들입니다.

다양한 하나님의 성품

그렇다면 하나님은 과연 어떤 분이신가요? 사도 바울은 하나님이 자비하시고 아량이 넓으시고 오래 참으시는 분이라고 정의합니다. 성경에는 하나님의 성품에 대하여 많은 말씀이 기록되어 있습니다. 하나님은 사랑입니다. 공의의 하나님이시죠. 하지만 질투의 하나님이기도 합니다. 성경에 기록된 하나님의 여러 성품 중에서 하나님에 대한 모든 것을 하나로 표현할 수 있는 중요한 성품이 있습니다. 하나님의 다양한 성품 중에서 가장 기본이 되고 가장 분명한 하나님의 속성입니다.

하나님은 영이시니 예배하는 자가 영과 진리로 예배할지니라(요한복음 4:24)

하나님은 영이십니다. 그래서 예배하는 자가 영과 진리로 예배하기를 원하십니다. 순전한 믿음으로 최선을 다하라는 의미입니다. 사실 하나님을 아는 지식은, 하나님이 영이라는 존재의 정의를 확실하게 아는 것에서부터 출발해야 합니다. 그 다음에 영이신 하나님께서 영으로 우리와 함께 계신다는 사실을 알아야 합니다. 지식적으로 아는 것이 아니라 믿음으로 알아야 합니다. 영이신 하나님의 영은 거룩한 영입니다.

하나님이여 주의 도는 극히 거룩하시오니 하나님과 같이 위대하신 신이 누구오니이까(시편 77:13)

시편 기자는 거룩하신 하나님의 위대함을 찬양합니다. 하나님의 거룩하심은 각종 불의와 오염된 더러움에서 완벽하게 격리된 순수함을 말합니다. 또한 하나님은 사랑의 영입니다.

하나님이 우리를 사랑하시는 사랑을 우리가 알고 믿었노니 하나님은 사랑이시라 사랑 안에 거하는 자는 하나님 안에 거하고 하나님도 그의 안에 거하시느니라(요한일서 4:16)

하나님은 사랑이십니다! 이 말씀이 성경 전체를 통하여 확실하게 제시할 수 있는 하나님의 정체성에 대한 결론입니다. 하나님이 누구를 사랑하십니까? 지금 이 책을 읽고 있는 당신을 사랑하십니다. 완벽하게 죄 덩어리인 나를 사랑하십니다. 그래서 우리의 죄를 해결해주시기 위하여 단 한 점의 죄도 없는 당신의 아들 예수님을 보내셨습니다. 하나님의 아들이 척박한 환경에서 육신의 삶을 살며 온갖 고생을 하다가 십자가에 못 박혀 죽었습니다.

하나님의 모든 속성은 거룩한 영과 사랑의 영 안에 포함될 수 있습니다. 그러기에 거룩하심과 사랑하심은 하나님의 대표적 성품입니다. 그런데 하나님은 이 성품을 우리에게도 주셨습니다.

그러나 이제는 너희가 죄로부터 해방되고 하나님께 종이 되어 거룩함에 이르는 열매를 맺었으니 그 마지막은 영생이라(로마서 6:22)

하나님을 따라 의와 진리의 거룩함으로 지으심을 받은 새 사람을

입으라(에베소서 4:24)

사도 바울은 로마에 있는 성도들에게 보내는 편지에서 우리가 주를 믿어 죄에서 해방되고 거룩함에 이르는 열매를 맺게 되면 그것이 곧 영생의 길이라고 합니다. 또한 에베소 지방에 있는 교인들에게 보내는 편지에서는 새사람이 되어 하나님처럼 선하고 거룩하게 살 것을 권면하고 있습니다. 그리스도인이라는 이름으로 불려지기를 기뻐하는 우리의 궁극적인 소망과 삶의 목표는 구원의 길을 통하여 거룩함에 이르는 것입니다.

스스로 계신 하나님께서는 당신의 자녀들이 이러한 영적 목표에 도달할 수 있도록 하시기 위하여 살아 있는 말씀으로 우리를 독려하고 있습니다.

하나님을 아는 지식으로 구원의 여정을 통하여 거룩함의 완성에 이르면 성화의 단계를 넘어서 성결의 단계로 들어가게 됩니다. 하나님의 자녀가 육과 영의 경계를 뛰어넘어 온전한 거룩함으로 옷 입을 때, 영이신 하나님의 거룩함을 닮은 완전한 성화가 이루어지게 되는 것입니다.

세 번째 이야기

창조하시는 하나님

하나님을 정의하다

평신도 사역자로 섬기던 시절에 20년 넘도록 교회학교 사역을 하다 보니까 '참 좋으신 하나님'이라는 표현으로 기도를 시작하는 일이 많았습니다. 또 이런 상용구도 즐겨 씁니다. '사랑과 은혜의 하나님' '거룩하고 자비로우신 하나님' '은혜와 진리로 충만하신 하나님' '상한 갈대도 꺾지 않으시고 꺼져가는 등불도 끄지 아니하시는 하나님' 여기 나오는 '~한 하나님'이라는 표현은 하나님의 속성을 정의하는 것입니다. 하나님을 한두 단어로 한정하여 정의한 것이 아니라 한 문장으로 정의한 것인데, 이러한 정의들이 우리가 생각하는 하나님의 실존이라고 말할 수 있는 것입니다.

그렇다면 나와 하나님과의 관계에 관한 정의는 어떤 것들이 있을까요? 교회에서 성경공부 두 번째 시간을 진행하면서 내가 생각하는 하나님에 대하여 포스트잇에 적게 했더니 이런 이야기들이 나왔습니다.

'하나님은 내 삶의 등불이시다.' '하나님은 내 인생의 동반자다.' '하나님은 황금 같은 주일 아침을 빼앗아가는 얄미운 분이다.' '하나님은 실수를 용납하지 않는 담임 선생님 같다.' '하나님은 찐빵의 앙꼬다.'

그러면 나는 하나님께 어떠한 존재인지 적으라고 했습니다.

'나는 하나님의 자녀다.' '나는 하나님의 골칫덩이이다.' '나는 하나님의 기쁨이다.' '나는 하나님의 철부지 늦둥이다'

지구촌의 많은 사람에게 성녀로 추앙받았던 테레사 수녀는 이렇게 말했습니다. "저는 하나님이 쓰시는 몽당연필입니다."

그렇다면 지금 이 책을 읽고 있는 당신은 하나님께 어떤 존재라고 생각하십니까? 제가 말씀드리죠. 당신은 하나님께서 사랑하시고 귀하게 여기시는 아주 소중한 존재입니다.

그러나 여호와여, 이제 주는 우리 아버지시니이다 우리는 진흙이
요 주는 토기장이시니 우리는 다 주의 손으로 지으신 것이니이다
(이사야 64:8)

토기장이가 진흙 한 덩이로 하나는 키히 쓸 그릇을, 하나는 천히
쓸 그릇을 만들 권한이 없느냐(로마서 9:21)

이사야 선지자와 사도 바울을 통하여 우리에게 주신 말씀 안에
서 우리는 하나님에 대한 아주 중요한 정의를 발견할 수 있습니
다. 하나님은 우리를 지으신 분이라는 사실입니다. 단순하면서도
명확한 진리입니다. 그뿐 아니라 하나님은 천지를 창조하신 분입
니다. 성경의 시작인 창세기 1장부터 2장까지 나오는 말씀을 우리
는 하나님의 창조기사라고 이야기합니다. 하나님께서 모든 자연
과 만물을 지으시고 인간을 창조하시는 모습이 기록되어있습니
다. 아담을 흙으로 지으시고, 아담의 아내인 하와는 아담을 잠 재
운 후에 그의 갈비뼈로 지으셨습니다. 그러니까 아담과 하와의 후
손인 우리도 당연히 하나님의 지음을 받은 피조물입니다.

그런데 처음 교회에 나온 사람이 이 사실을 바로 믿을 수 있겠
습니까? 물론 모태신앙으로 태어나신 분들은 자라면서부터 당연
히 그렇게 알고 살아왔을 것입니다. 모태신앙인들 중에는 신앙에

대해 회의감을 느끼고 반발하는 시기를 겪다가 다시 회심한 분들도 있습니다. 그러나 대부분의 모태 신앙인들은 하나님의 창조에 대하여 별 의심 없이, 큰 문제의식 없이 받아들일 수 있습니다. 하지만 중도에 믿기 시작한 분들, 장성해서 교회에 나온 분들은 이 사실을 곧바로 받아들이기가 절대로 쉽지 않을 것입니다.

스무 살에 처음 예수를 만난 저도 교회에 나오는 것 자체는 좋아했지만 하나님의 존재에 대하여서는 한동안 믿지 못했던 것이 사실입니다. 저는 이렇게 생각했습니다. '교회가 여러모로 좋은 곳이니까 나오기는 하는데 성경에 있는 내용을 그대로 다 믿는 것은 어리석은 일이지!' 그러나 지금은 성경을 하나님의 말씀으로 확실하게 믿습니다. 제가 하나님의 피조물인 것과 하나님께서 천지만물을 다 지으셨다는 사실도 믿습니다.

처음 교회에 출석하여 예수를 믿기 시작했던 스무 살 시절의 저와 그로부터 오랜 세월이 지나 목사가 되어 있는 지금의 저는 영적으로 전혀 다른 사람이라고 할 수 있습니다.

지난 세월 동안 저의 삶을 통하여 역사하시는 하나님을 여러 차례 만날 수 있었고, 그러면서 그때마다 자연스럽게 믿음이 깊어졌습니다. 당연히 삼위일체 하나님의 존재와 예수그리스도의 십자가 부활과 성경의 진리에 대한 확신을 가지고 있습니다.

기도를 응답하시는 하나님!

불가능할 것 같던 일을 선하게 이루어주시는 하나님!

불같았던 성품을 만지고 다듬어 온유하게 해주신 하나님!

방언으로 기도할 수 있게 해주신 하나님!

병 고침의 이적과 표적을 직접 보여주신 하나님!

필요할 때마다 절묘한 방법으로 필요한 만큼 채워주시는 하나님!

지치고 쓰러질 수밖에 없을 때 힘을 주시고 세워주시는 하나님!

이렇게 선한 의도로 간섭하시고 주장하시는 하나님의 손길, 이러한 신앙의 경험들이 쌓여서 하나님을 아는 지식이 주관화되었고, 이를 통하여 하나님의 존재를 확신할 수 있게 된 것입니다.

하나님이 모세에게 이르시되 나는 스스로 있는 자이니라 또 이르시되 너는 이스라엘 자손에게 이같이 이르기를 스스로 있는 자가 나를 너희에게 보내셨다 하라(출애굽기 3:14)

태초에 하나님이 천지를 창조하시니라(창세기 1:1)

위의 두 말씀은 모두 하나님께서 당신의 종 모세를 통하여 주신 말씀입니다. 이 말씀을 연결해보세요. "스스로 계신 하나님이 태초에 천지를 창조하시니라" 여기서의 '태초'는 요한복음 1장 1절의 태초와 다른 의미를 지니고 있습니다. "태초에 말씀이 계시니라"로 시작되는 요한복음에서의 태초를 의미하는 헬라어는 하나님께서 천지를 창조하시기 전, 처음부터 이미 말씀이 존재하고 있었다는 의미입니다.

그러나 하나님의 말씀인 성경 66권의 첫머리에 등장하는 '태초'를 의미하는 히브리어는 비록 신학적인 이견이 있지만, "하나님께서 천지를 창조하실 그 때에"라는 의미입니다. 이 말씀에서 하나님으로 번역되고 있는 '엘로힘'은 창조의 주체이고 역사의 시작이며 유일무이하신 절대자를 의미하는 단어입니다. 여기서 '천지'는 세상의 모든 것, 즉 하나님께서 지으신 우주만물을 함축적으로 표현하는 단어로 이해해야합니다.

하나님께서 모세에게 영감을 주어 기록하게 하신 창세기는 태초에 하나님이 계셨고, 하나님께서 우주만물을 지으셨다는 전제, 즉 하나님의 존재와 창조역사를 바탕으로 하고 있는 책입니다. 하나님께서 창조를 시작하실 때 이 땅의 모습은 어떠했습니까?

땅이 혼돈하고 공허하며 흑암이 깊음 위에 있고 하나님의 영은 수면 위에 운행하시니라(창세기 1:2)

우주만물은 분명히 지은이가 있습니다. 상식적으로, 아무것도 없던 공허한 시절에 처음 창조가 시작되었다고 한다면 그때 누군가가 있어야 새로운 창조가 가능하다는 것은 누구나 알 수 있는 사실입니다. 그리고 누군가가 분명히 있었습니다. 그분이 바로 하나님이십니다. 하나님은 누구로부터도 지음을 받은 분이 아닙니다. 스스로 계신 분입니다. 하나님은 당신이 스스로 계시면서 끊임없이 일하시는 분이라는 사실을 밝히고 계십니다.

본능, 혼, 영, 그리고 영혼

오늘 우리에게도 하나님은 스스로 계시면서 끊임없이 일하시는 분입니다. 당신이 지으신 것들을 보존하시고 보호하시면서 자연의 현상과 생명체의 생사고락, 흥망성쇠를 주관하고 계십니다. 그리고 당신의 형상을 따라 인간을 지으시고, 우리 인생을 처음부터 끝까지 면밀하게 살피며 주관하고 계십니다.

강원도 화천에서 군대생활을 할 때, 첫 번째 돼지 파동이 일어나 돼지 값이 형편없이 하락했습니다. 중대본부에 부식차가 왔는데, 돼지고기가 아닌 살아있는 돼지 두 마리를 내려놓고 갔습니다. 그야말로 황당한 상황이 벌어진 것이죠. 중대원들이 모여서 이런저런 궁리를 하다가 충청도 출신의 취사병이 잡아보겠다고 나섰습니다. 직접 돼지를 잡아본 일은 없지만, 구경은 여러 번 해봤다고 합니다. 안 본 것보다는 낫겠지 싶어서 그에게 돼지를 잡게 했습니다. 돼지 두 마리를 밧줄로 묶어서 끌고 나왔습니다. 먼저 한 마리를 몇 명의 병사들이 붙잡고 취사병이 큰 망치로 돼지 정수리를 내리쳤습니다. 그런데 그만 빗맞고 말았습니다. 그러자 생명의 위협을 느끼고 광분한 돼지가 멱따는 소리를 질러대면서 펄펄 날뛰었습니다. 당황한 부대원들이 우르르 달려들어 치고 밟고, 수십 분 동안 정신없이 두들겨 팬 끝에야 겨우 죽였습니다.

그때까지 다른 돼지는 그 옆에 꽁꽁 묶인 채로 감시당하고 있었죠. 그리고는 자기 차례가 되어 끌려나왔습니다. 다시 취사병이 큰 망치를 들고 돼지 앞에 서서 망치를 높이 치켜들었습니다. 그 순간 돼지가 모로 쓰러지더니 그대로 죽어버렸습니다. 아직 망치를 내려치지도 않았고, 발길질 한 번 안 했는데 그냥 죽었습니다.

극심한 스트레스를 받아서 지레 죽은 것이죠. 앞서간 돼지와 함께 끌려와서 그 돼지가 군인들에게 맞아 죽을 때까지 수십 분 동안 질러대는 비명을 생생하게 다 들었습니다. 그러니 얼마나 큰 스트레스를 받았겠습니까? 애간장이 다 녹아버린 것이겠죠.

이 땅에 존재하는 모든 동물과 식물에는 본능이 있습니다. 생존본능이 있고, 성장본능이 있고, 번식본능이 있습니다. 당연히 인간에게도 이런 본능이 있습니다. 본능은 피조물들의 종족보존을 위하여 하나님께서 마련해주신 최소한의 배려입니다. 그런데 본능보다 조금 더 높은 단계가 있습니다. 그것이 바로 생각할 수 있는 마음입니다. 다른 말로 혼이라고도 하고 넋이라고도 합니다.

사전에서 보면 "사람의 몸 안에서 몸과 정신을 다스린다는 비물질적인 것"이라고 설명하고 있습니다. 그런데 혼이란 것 역시 사람에게만 있는 것이 아닙니다. 식물까지는 몰라도 동물에게는 있는 것이 틀림없습니다. 돼지가 본능만을 가지고 스트레스를 받아서 제풀에 죽지는 않았을 것입니다.

애완동물을 키우는 사람들이 급격하게 늘어나면서 반려동물이라는 새로운 이름이 생겼습니다. 파리만 날리던 유아용품 가게를 반려동물용품 가게로 전환하여 호황을 누리는 곳이 많이 있습니다. 진열대 앞에 늘어서 있는 고급 유모차들이 개와 고양이를 태우기 위한 것이라는 사실을 알고 놀란 일도 있습니다. 왜 이런 현상들이 벌어지는 것일까요? 가족으로 생각하기 때문입니다. 직접 말이 통하지는 않지만, 반려동물과 생각을 공유하는 일이 많이 있습니다. 사람과 동물 사이에 감정이 통하고, 동물들이 사람의 말을 알아듣고 행동합니다. 이것이 바로 혼의 작용입니다.

모든 동물의 정신세계에는 가장 낮은 단계인 본능이 있고, 그 위의 단계로 혼이 있는 것이 틀림없습니다. 그런데 인간에게는 한 가지가 더 있습니다. 그것이 바로 영입니다. 하나님께서 인간에게만 특별히 주신 가장 높은 단계의 내적 체계인 영은 인간이 다른 동물들과 구별되는 사고체계라고 할 수 있습니다. 인간은 하나님으로부터 창조물들을 관리할 수 있는 능력을 부여받은 만물의 영장입니다. 이렇게 다른 피조물들과 구별될 수 있도록 하나님께서 특별하게 만들어주신 내적 체계의 최고봉이 바로 영입니다.

흙은 여전히 땅으로 돌아가고 영은 그것을 주신 하나님께로 돌아가기 전에 기억하라(전도서 12:7)

하나님께서 주신 영과 혼이 합하여 영혼이 되었습니다. 영혼은 인간만이 가지고 있는 유일하고 고유한 정신체계입니다. 그것은 흔히 혼으로 표현하는 정신과는 구별되는 생명원리입니다.

영혼은 누구도 만들 수 없는 하나님의 창조물이며 누구도 침해할 수 없는 고귀한 하나님의 주권적인 선물입니다. 우주 만물을 말씀으로 창조하시고, 인간에게 영혼을 만들어주신 하나님께 감사하고 하나님의 살아계심을 찬양할 때, 하나님의 창조 목적대로 살아가는 귀하고 복된 인생이 될 수 있는 것입니다.

네 번째 이야기

우리를 부르시는 하나님

부모의 영향력

우리가 잘 아는 명품 배우 하정우 씨는 원로배우 김용건 씨의
아들입니다. 하지만 아버지의 배경이 전혀 필요 없을 만큼 뛰어난
연기력으로 스스로 이름을 떨친 배우입니다. 물론 아버지의 유전
인자를 잘 물려받은 덕이겠지요. 하지만 어릴 때 아버지를 비방하
는 학교 선생님 때문에 큰 상처를 받은 일이 있었다고 합니다. 수
업 중에 졸다가 지적을 당했는데 "네가 그런 집안 아들이니 행실
이 그럴 수밖에 없지" 라는 말을 하더라는 것입니다.

선생님이 왜 그런 말을 했을까요? 그 당시 아버지 김용건 씨가 '서울의 달'이라는 인기드라마에서 여자들을 홀리는 춤 선생으로 나오고 있었습니다. 그러니까 선생님이 현실과 극을 구분하지 못하고 동일시했던 것입니다. 새벽기도에 나와서 드라마 주인공이 너무 불쌍하다고 제발 죽지 않게 해달라고 간절히 부르짖는 권사님도 있다는 말을 들었는데, 마치 그런 모습과 같은 것입니다.

하정우 씨의 일화에서 우리가 누구의 자녀인가 하는 것이 매우 중요하다는 사실을 알 수 있습니다. 아버지가 옆 마을까지 소문난 술주정뱅이에 난봉꾼이요 노름꾼이라면 그 자녀들이 어떻게 얼굴을 들고 다닐 수 있겠습니까? '저분이 제 아버지입니다.' 이렇게 떳떳하게 밝힐 수 있겠습니까? 세월이 지나도 사람들은 '아, 그 주정뱅이 아들, 그 난봉꾼 딸' 이렇게 기억하게 될 것입니다.

길에서 행상하는 어머니를 보면 마주치지 않으려고 고개를 돌리고 가고, 비 오는 날 우산을 들고 찾아온 절뚝발이 아버지가 창피해서 뒷문으로 도망쳐 비를 맞고 집에 갔다는 자녀의 이야기를 들어보셨을 것입니다. 철없는 시절의 안타까운 추억이죠. 가난이나 장애가 부끄럽고 창피한 일은 절대로 아닙니다. 그러나 어린 시절의 그런 기억들이 인생에 어느 정도 영향을 끼치게 되는 것은 분명한 사실입니다.

여러 해 전에 저와 같은 연배의 전도사님과 대화를 나눌 기회가 있었습니다. 전도사님의 할아버지와 아버지가 대처승으로 어느 큰 절의 주지를 지냈답니다. 대처승은 우리가 일반적으로 알고 있는 비구승과 달라서 합법적으로 결혼하고 가정을 가질 수 있는 승려입니다. 대처승으로 절을 운영하던 할아버지와 아버지는 이미 오래전에 돌아가셨습니다. 아들이 승적을 물려받지 않아 절은 조계종 소속으로 넘어가 비구승들이 관리하고 있답니다.

실업계 고등학교를 나와 회사원으로 객지생활을 하던 대처승의 아들은 우연한 기회에 예수를 믿게 되었고, 오랫동안 교회에서 충성한 끝에 집사안수를 받았습니다. 그리고 이제는 주의 종이 되겠다는 서원을 하고 신학교에 입학하여 전도사가 되었습니다. 그런데 지금도 고향에 가면 여전히 절집 아들이라는 별칭으로 불린다고 합니다. 아버지의 영향이 이렇게 큽니다.

부정적인 영향력에서 벗어나라

하나님께서 아브라함을 부르셨을 때, 가장 먼저 하신 말씀이 고향 친척 아버지의 집을 떠나라는 명령이었습니다. 그의 고향인 갈대아 우르는 우상의 소굴이었고, 더구나 그의 아버지는 우상을 만들어 팔던 사람이었다는 이야기도 있습니다. 그런 환경에서는 아무리 하나님을 잘 믿어도 우상 집 아들로 불릴 수밖에 없었겠죠.

또 내 이름을 위하여 집이나 형제나 자매나 부모나 자식이나 전
토를 버린 자마다 여러 배를 받고 또 영생을 상속하리라(마태복음
19:29)

예수께서 제자들을 부르실 때도 먼저 버리라고 하셨습니다. 집
은 물론이고 부모 형제까지 모두 버리고 당신을 따르라고 말씀하
셨습니다. 마태복음 4장에 보니까 야고보와 요한은 아버지를 버
려두고 예수를 좇았다고 합니다. 예수님의 제자가 되고 하나님의
자녀가 되어 영원한 구원의 길로 가겠다고 결심하였다면 이제까
지 아무 생각 없이 즐기던 신앙적이지 못한 것들을 과감히 버리는
결단이 있어야 합니다. 과거의 모든 부정적인 영향력에서 벗어나
야 되기 때문입니다. 그래서 신령하지 못한 모든 영향력을 배제하
고 오직 하나님의 영향권 안에 있는 하나님의 자녀로 새롭게 태어
나야 합니다. 이것을 거듭나는 것이라고 합니다. 이렇게 결단하고
하나님의 자녀로서 하나님의 뜻에 합당한 삶을 살아야합니다.

이것이 굉장히 중요한 일입니다. 영적인 삶을 위해서도 중요한
일이지만 영적 아버지이신 하나님을 위해서도 아주 중요한 일입
니다. 아버지만 자녀의 삶에 영향을 주는 것이 아니라 자녀의 삶
도 부모에게 큰 영향을 주기 때문입니다. 자식이 행실이 좋지 못
하면 부모가 욕을 먹게 되는 것도 당연한 일입니다. 교회 직분자

의 자녀가 잘못을 하면 "아니 예수 믿는 집에서 뭘 가르치기에 자식이 저 모양이야?" 이런 말을 듣게 됩니다. 우리나라의 전통적 관습에 보면 자식이 잘못하면 무조건 부모가 욕을 먹습니다. 마찬가지죠. 우리가 하나님의 자녀로서의 삶을 어떻게 사느냐에 따라 하나님의 이름이 세상에서 높임을 받을 수도 있고, 반대로 수치를 당할 수도 있다는 것은 지극히 상식적인 일입니다.

지금 세상에서 많은 기독교 반대세력의 공격을 받는 교회들의 모습을 보세요. 성적인 죄를 범한 목사들, 물질로 죄를 범한 목사들, 분열의 영에 사로잡혀서 교단을 가르고 교회를 가르는 목사들, 온갖 변칙적인 방법을 동원하여 세습하는 목사들, 편향된 이념에 기초하여 시국 발언을 강하게 하는 목사들, 이러한 목사들의 이름을 실어 나르면서 기독교 전체를 비난하고 목사를 헐뜯고 깎아내리면서 하나님까지 욕하고 조롱합니다.

물론 목사만 그런 것도 아니고 반대세력의 주장이 다 맞는 것도 아닙니다. 들여다 보면 오해도 있고 조작되었을 것 같은 이야기도 있고, 과장된 사건들도 있습니다. 또 분명히 목사로서 양심적으로 맞는 말을 했는데, 이념이 다르다는 이유로 매도당하기도 합니다. 그러나 많은 부분에서 잘못된 행실들이 드러나기도 합니다.

왜 예수를 믿는다면서도 하나님을 제대로 모르는 것 같은 행동을 하는 것일까요? 연약한 인간이지만 하나님을 조금이라도 안다면 그런 행동은 할 수 없는데, 버젓이 잘못을 저지르고도 하나님만이 나의 진심을 아신다고 하면서 발뺌을 하고 오히려 잘못을 지적하는 이들을 저주하는 목사들도 있습니다. 힘없는 자매들에게 성적 괴롭힘을 자행하고 그 악행이 드러나면 모함이라고 우기고, 심지어 피해자들을 이단으로 몰아서 정죄하는 목사들도 있습니다. 입으로는 하나님을 믿는다고 하지만, 하나님을 모르기 때문에 그런 잘못을 범하는 것이라고밖에 할 수 없습니다. 그러면 하나님의 자녀가 될 자격이 없는 것입니다.

너는 내 아들이라

하나님은 사랑과 자비의 하나님입니다. 긍휼을 베푸시는 분입니다. 그러나 동시에 공의의 하나님이며 심판하는 하나님이십니다. 그런데 하나님의 이름을 수치스럽게 만드는 자들을 용서하실까요? 그들이 온전히 구원받을 수 있을까요? 물론 구원의 결과는 하나님만 아시는 일이지만 반드시 죄에 상응하는 벌이 있습니다. 사울 왕과 같이 버림받을 수도 있죠. 예수님도 말씀하셨습니다.

누구든지 성령을 모독하는 자는 영원히 사하심을 얻지 못하고 영원한 죄가 되느니라 하시니(마가복음 3:29)

성령님도 분명히 하나님이십니다. 나 때문에 하나님께서 수치를 당하시는 일은 결단코 없어야 합니다. 그것은 예수 그리스도를 다시 십자가에 매달고 못을 박는 일과 다르지 않기 때문입니다. 그런 우를 범하지 않으려면 하나님을 잘 알고 잘 믿어야 합니다. 그래서 하나님을 아는 지식이 필요한 것입니다.

내가 여호와의 명령을 전하노라 여호와께서 내게 이르시되 너는 내 아들이라 오늘 내가 너를 낳았도다 내게 구하라 내가 이방 나라를 네 유업으로 주리니 네 소유가 땅 끝까지 이르리로다(시편 2:7~8)

시편 2편은 다윗이 쓴 시입니다. 다윗이 사울을 비롯한 무수한 원수들의 수많은 방해와 대적, 끊임없이 계속된 생명의 위협에도 불구하고 마침내 왕위에 오르게 되는 역사적 사건이 이 시의 큰 주제입니다. "너는 내 아들이라!" 아주 상징적인 선언입니다.

하나님께서 다윗에게 하신 말씀을 다윗이 백성에게 선포하고 있는 것입니다. 고대 근동에서는 왕과 신이 父子관계를 맺고 있는 것으로 보는 관습이 있었습니다. 이집트에서 왕인 바로를 신으로 생각하는 것도 이런 까닭이죠. 바로의 왕권이 신에게서 나왔다고 믿기에 바로가 신의 대행자, 즉 신과 다름없다는 주장입니다.

다윗도 백성들에게 "나는 여호와 하나님의 아들이다." 이렇게 선언한 것입니다. '오늘' 이 단어는 새롭게 형성된 관계를 의미하는 표현입니다. 처음부터 그랬던 것은 아니지만, 이제부터는 하나님의 아들로서 왕의 권위로 너희를 다스리게 되었다고 선포하는 것입니다. 하나님께서 다윗에게 하신 말씀인 동시에 다윗의 뒤를 이어 이스라엘을 다스리는 모든 왕에게 하신 말씀입니다.

왕의 권위가 이만큼 굉장한 것입니다. 그런데 이 말씀의 권위를 뒷받침하기 위해서는 반드시 필요한 것이 있습니다. 왕의 통치를 받는 이스라엘 백성이 하나님께서 세우신 왕의 권위를 인정하고 왕의 통치를 따라주어야 한다는 것입니다. 다윗이 아무리 백성에게 하나님의 말씀을 선포한들 백성의 마음이 강퍅하다면 쇠귀에 경 읽기가 될 수밖에 없습니다.

하나님께서 다윗을 통하여 이 선언을 하시지만, 사실 다윗은 이스라엘의 두 번째 왕입니다. 사울이 첫 번째 왕이었습니다. 이스라엘의 제사장이자 마지막 사사였던 사무엘이 하나님의 명령에 따라 기름 부음으로 사울을 왕으로 삼았습니다. 그러니까 "너는 내 아들이라" 이 말씀이 사울에게도 해당되어야 합니다. 그러나 사울은 하나님으로부터 버림받았습니다. 하나님께서 사울을 버리고 다윗을 택한 후에 이 말씀을 하신 것입니다.

고난 끝에 왕이 된 다윗

다윗이 왕이 되기까지는 길고 험난한 여정이 있었습니다. 하나님께서 택하셨던 이스라엘의 첫 번째 왕 사울 때문이었습니다. 사울이 다윗을 잡아 죽이려고 군사를 몰고 다니면서 마치 사냥터에서 사냥개들을 풀어서 토끼를 잡으려고 몰아대듯 다윗을 쫓아다녔습니다. 다윗을 죽이기 위하여 별의별 수를 다 썼습니다.

백성들에게 이 모습이 어떻게 비추어졌을까요? 분명히 사울도 하나님께서 택하신 이스라엘의 왕인데 왜 그랬을까요? 그가 왕이 된 후에 변했기 때문에 이런 사단이 일어나게 되었던 것입니다. 사울은 백성들의 지지를 받자 교만해졌습니다. 초심을 지키지 못했습니다. 그래서 하나님을 아버지로 섬기기보다는 귀찮아했던 것입니다. 하나님의 말씀을 귀담아듣지 않고 자기 멋대로 행동했습니다. 그런 까닭에 하나님께서 택하신 왕이었지만 사울의 말로는 비참하게 될 수밖에 없었던 것입니다. 사울이 하나님의 눈 밖에 나면서 백성들도 그를 떠나서 다윗을 따르게 되었습니다.

사울은 이렇게 왕이 된 후에 변했지만 사울의 뒤를 이어 왕이 된 다윗은 끝까지 하나님께 순종하면서 자신의 본분을 잘 지켰습니다. 백성들도 다윗을 지지했습니다. 그래서 그가 많은 아들 중에 장자가 아닌 솔로몬에게 왕위를 물려줄 때도 백성들이 크게 동요하지 않았던 것입니다. 다윗의 행위가 여호와 보시기에 좋았고, 그래서 백성들이 하나님을 더 잘 믿게 되었던 것입니다. 그것이 사울과 다른 점이었습니다. 그래서 다윗에게 하신 말씀이 그의 후세에까지 영향력을 행사하며 전해질 수 있었던 것입니다.

 다윗이 어떻게 왕이 될 수 있었습니까? 하나님의 조건 없는 은혜라고밖에는 설명할 수 없습니다. 하나님께서 그를 왕으로 세우기로 작정하셨기 때문에 왕이 될 수 있었던 것입니다. 물론 하나님께서 예정하셨어도 인간적인 노력이 있어야 합니다. 그러기에 다윗의 믿음과 노력이 큰 역할을 했던 것도 사실입니다. 또 그러한 노력이 하나님의 뜻과 맞아야 하는 것도 중요한 일이죠. 먼저 선택받았지만 버림당한 사울의 삶이 그것을 증명하고 있습니다.
 그러면 하나님의 뜻을 어떻게 알 수 있습니까? 먼저 하나님을 제대로 알아야 하나님의 뜻을 알고 그 뜻을 따를 수 있는 것입니다. 그래야 다윗과 같은 축복을 누릴 수 있습니다. 그래야 사울과 같이 받은 복을 빼앗기고 버림받는 일을 당하지 않는 것입니다. 그러기 위해서는 늘 하나님과 동행해야 합니다. 하나님의 말씀을 듣고 그 말씀에 순종하는 인생을 살아야 합니다. 그러면 하나님을 온전히 알 수 있게 됩니다. 그래야 하나님의 무한하신 사랑의 의미도 온전히 알 수 있게 되는 것입니다. 그래야 참 자녀가 될 수 있

는 것입니다. 아버지에 대하여 제대로 알지 못하는 자식을 온전한
자식이라고 할 수는 없는 것입니다.

나도 하나님의 자녀입니다.
"너는 내 아들이라 오늘 내가 너를 낳았도다" 이 말씀이 하나님
께서 다윗에게 하신 말씀인데, 하나님은 오늘 우리에게도 똑같은
말씀을 하십니다. 우리는 하나님의 영적 자녀들이기 때문입니다.
우리가 하나님을 제대로 알고, 하나님의 참 자녀로 인정받으면 이
귀한 말씀이 우리를 향하신 하나님의 말씀이 되는 것입니다.
　하나님은 이방 나라를 유업으로 주겠다고 하셨습니다. 이방 나
라는 도시가 있고 건물이 있고 백성이 있는 나라입니다. 모든 조
건과 기반시설이 완벽하게 갖추어진 곳입니다. 물질의 풍요와 안
락한 삶을 보장하고 세상에서 누릴 수 있는 모든 행복을 주겠다는
약속입니다. 하나님께서 이스라엘을 위한 믿음의 조상으로 택하
여 세우신 아브라함과 이삭과 야곱에게 주셨던 축복의 말씀이 오
늘 우리에게도 똑같이 적용된다는 귀한 사실을 믿어야합니다.

**여호와는 나의 목자시니 내게 부족함이 없으리로다 그가 나를 푸
른 풀밭에 누이시며 쉴 만한 물가로 인도하시는도다 내 영혼을 소
생시키시고 자기 이름을 위하여 의의 길로 인도하시는도다 내가 사**

망의 음침한 골짜기로 다닐지라도 해를 두려워하지 않을 것은 주께서 나와 함께 하심이라 주의 지팡이와 막대기가 나를 안위하시나이다(시편 23:1~4)

"푸른 풀밭과 쉴만한 물가" 이 귀한 은혜의 보장이 하나님께서 직접 택하신 자녀들에게 약속하신 축복입니다. 그러나 세상에는 여전히 하나님의 자녀들을 대적하는 사탄의 무리가 있습니다. 그래서 하나님은 푸른 풀밭과 쉴만한 물가를 약속하시면서도 당신의 자녀들이 사망의 음침한 골짜기로 걸어가야 하는 상황도 있다는 것을 빼놓지 않고 말씀하십니다. 우리는 이미 하나님의 자녀입니다. 하지만 우리의 삶 속에 환란과 고통이 따를 수 있다는 말씀입니다. 여러 가지 인생의 우여곡절이 있을 수 있다는 의미입니다. 그러나 절대로 걱정할 일은 아니라는 말씀이기도 합니다. 하나님께서 함께 하시고 인도하시기 때문입니다.

네가 철장으로 그들을 깨뜨림이여 질그릇 같이 부수리라 하시도다(시편 2:9)

철장은 쇠로 만든 막대기나 지팡이를 말합니다. 철은 다윗시대에 막 개발된 최첨단 물질이었습니다. 그러니까 그 시대에 철로 만든 무기는 전쟁의 승리를 보장하는 최첨단 무기였을 것입니다. 더 강한 무기가 전쟁의 승패를 좌우하는 것은 지금도 마찬가지입니다. 그러나 철에는 단순한 무기로서의 의미만 있는 것이 아닙니다. '철장과 홀!' 즉 지팡이가 짝을 이루어 왕권의 능력을 상징하는 것입니다. 아론의 지팡이 이래로 하나님께서 부여하신 왕권을 상징하는 물건이 홀이라면, 철장은 왕권의 강력한 힘을 보여주는 상징물이었습니다.

그런데 왜 철장으로 질그릇을 부순다고 했을까요? 고대 이집트의 벽화를 보면 철퇴로 토기를 부수는 그림이 많이 있습니다. 이것이 적군을 향한 일종의 저주의식이었습니다. 이집트와 앗수르의 왕들이 질그릇에 적군의 이름을 적어놓고 그것을 철퇴로 산산조각내며 자신의 강력함을 과시했다고 합니다. 이 구절은 바로 이러한 이방나라들의 저주의식을 빗대어 말씀하고 있는 것입니다. '걱정하지 마라! 네가 내 아들이 되면 너를 대적하는 모든 원수를 쇠몽둥이로 질그릇 부수듯 사정없이 부숴버릴 수 있도록 내가 너에게 힘과 능력을 주겠다.' 이런 말씀입니다. 시편 23편에서 말씀하시는 '주의 지팡이와 막대기'가 왕의 철장이라는 말씀입니다.

이 말씀을 믿고 하나님의 자녀로, 예수 그리스도의 제자로, 거듭난 삶을 소망하면 "너는 내 아들이라" 이렇게 귀한 축복과 약속을 받게 됩니다. 그러면 세상에 거칠 것이 없겠죠. 아버지가 세상을 만드신 분인데 그 자녀인 우리에게 무슨 두려움과 걱정이 있겠습니까? 그러나 하나님이 천지를 만드신 분이라는 사실을 안다고 해도, 하나님이 나의 아버지라는 사실을 알지 못하고, 하나님을 나의 아버지로 받아들이지 않는다면 아무 소용없는 일입니다.

친구 아버지가 아무리 잘나간들, 그것이 나와 무슨 상관이 있겠습니까? 하나님을 믿되 그분을 나의 아버지로 믿어야 합니다.

하나님께서 귀한 은혜를 주시고, 능력을 주시고, 온갖 좋은 것으로 채워주시며, 모든 대적들을 깨끗하게 물리쳐 주신다는 사실을 믿고, 영원한 아버지이신 하나님의 이름으로 담대하게 세상을 향해 나아가시기를 축복합니다.

다섯 번째 이야기

사랑하시는 하나님

가나안을 향해 가는 광야의 삶

많은 목사님들이 그러하듯 저도 성도들을 위한 기도에 가장 많은 시간을 사용합니다. 몸이 아픈 성도들에게 치유의 복을 주시기를 기도하고, 재물이 갈급한 성도들에게 물질의 복이, 일자리가 필요한 성도들에게 형통함의 복이, 인간관계로 어려움을 당하는 성도들에게 화평의 복이 임하여주시기를 간절히 기도합니다.

또한 부부 혹은 자녀와의 갈등으로 고민하는 성도들에게 화목의 복을, 사업을 하는 성도들에게 안정과 성장의 복을 빌어 줍니다. 모든 성도가 주님의 은혜 안에서 건강하고 무탈하며 근면과 성실함으로 하나님의 기쁨이 되기를 진심으로 기도합니다.

하지만 목사가 간절히 기도한다고, 성도가 하나님을 열심히 잘 믿는다고, 인생의 모든 문제가 술술 풀리기만 하는 것은 아닙니다. 믿음 생활을 열심히 하면서도 이해할 수 없는 고난이 이어져서 힘들어하는 성도들이 적지 않습니다.

지나온 시간을 돌이켜보면서 혹시 미처 생각하지 못하고 회개하지 않은 잘못이 있지 않은지 곰곰이 따져보고, 또 현재의 믿음 생활을 점검해보고, 삶의 환경을 둘러봐도 영적으로 이렇다 할 문제가 없음에도 불구하고 여전히 환난이 끊이지 않아 힘들고 어려운 삶에서 벗어나지 못하는 성도들도 있습니다. 현실의 삶이 너무 힘들어서 미래의 소망조차 갖기 힘든 성도들도 있습니다. 아무리 열심히 달려도 거칠고 메마른 광야의 삶만 이어지고 있기에, 아직 가나안으로 가는 길은 멀기만 하다고 하소연하는 성도들도 있습니다. 과연 젖과 꿀이 흐르는 땅이 있기는 한 것인지 의심하는 소리도 들립니다. 그러나 절대로 의심하면 안 됩니다. 낙심해도 안 되고 실망해도 안 됩니다. 인생은 어차피 광야의 삶입니다.

성도는 영적 가나안인 소망의 땅을 향하여 한 걸음 한 걸음 앞으로 나아가고 있는 광야의 사람들입니다. 이스라엘 민족이 광야의 삶을 마치고 요단강을 건넜을 때 비로소 젖과 꿀이 흐르는 땅에 들어갈 수 있었듯이, 성도가 소망하는 그곳도 육체의 삶이 마쳐질 때가 되어야 비로소 밟을 수 있는 곳입니다. 그러나 누구나 다 요단강을 건너서 가나안으로 들어갈 수는 없습니다. 끝까지 포기하지 않고 낙심하지 않고 가나안을 향하여 믿음으로 달려가는 성도만이 마지막 순간에 영광을 누릴 수 있는 것입니다.

나는 선한 싸움을 싸우고 나의 달려갈 길을 마치고 믿음을 지켰으니 이제 후로는 나를 위하여 의의 면류관이 예비되었으므로 주 곧 의로우신 재판장이 그 날에 내게 주실 것이며 내게만 아니라 주의 나타나심을 사모하는 모든 자에게도니라(디모데후서 4:7~8)

이 말씀은 사도 바울에게만 해당하는 말씀이 아닙니다. 주의 나타나심을 사모하는 모든 사람! 바꾸어 말하면 예수 그리스도를 믿고 주님의 재림을 확신하는 모든 사람! 그 모든 사람 안에 당당하게 포함되어 선한 싸움을 싸우고 달려갈 길을 마칠 때까지 믿음을 지키는 성도가 면류관을 받게 된다는 약속의 말씀입니다.

면류관을 어디에서 받습니까? 천국이죠. 그런데 하나님이 우리의 영혼을 심판하실 때, "너는 죄를 많이 지어서 지옥으로 가게 되었지만, 그래도 나름대로 전도도 여러 명 하고 좋은 일도 했으니 이 면류관은 받아 가거라." 이런 일은 결코 없습니다. 아무리 많은 공적을 쌓았어도 육신의 생명이 다하는 순간에 하나님을 부인하면 지옥으로 가게 되고, 그러면 하늘나라에서 그를 위하여 준비되었던 면류관이 아무리 많아도 하나도 받을 수 없게 됩니다.

그러기에 주님은 아무도 네 면류관을 빼앗지 못하도록 주님께서 재림하시는 날까지 믿음을 굳게 지키라고 말씀하셨던 것입니다. 주님께서 재림하시기 전에 육신의 삶을 마치게 되면 그 마지막 순간까지 믿음을 지켜야 면류관을 빼앗기지 않는 것입니다. 천국의 열쇠를 굳게 지켜야 면류관을 받을 수 있습니다.

육신의 고난을 이겨낸 믿음

세계 제2차 대전에서 독일의 히틀러에게 학살당한 유대인의 수가 무려 600만 명이나 된다고 합니다. 특별히 그들을 집단학살하기 위하여 세워졌던 포로수용소가 아우슈비츠 수용소인데, 그 지옥 같은 수용소에 갇혀 있던 유대인들은 언제 발가벗겨지고 개처럼 끌려가 가스실에서 죽어가게 될지 모르는 비참하고도 절박한 상황으로 몰려 있었습니다. 그러나 한 치 앞도 내다볼 수 없는 불안한 삶 속에서 마지막 순간까지 하나님을 찬양했던 기록이 많이 남아 있습니다.

'빅터 프랭클'이라는 사람도 그곳에서 많은 고난을 겪었습니다. 오스트리아 출신의 유태계 정신과 의사이자 심리학자였던 그는 기적적으로 살아남아 실존주의 치료기법의 하나인 의미치료를 창시하였습니다. 그리고 『죽음의 수용소에서』라는 제목의 책을 썼습니다. 그 책에 이런 기록이 있습니다.

고난 속에서 포기한 사람에게 고난은 저주일 뿐이지만 고난 속에서 그 고난의 의미를 발견한 사람에게는 고난이 오히려 놀라운 축복일 수 있는 것이다.

어떻게 고난이 축복일 수 있을까요? 그 지옥 같은 수용소의 어느 벽면에서 이런 글이 발견되었습니다. 『God is here!』 하나님이 여기에 계시다는 놀라운 신앙고백입니다. 그 포로수용소의 비참한 실상 속에서도 하나님이 그들과 함께 계셨던 것입니다.

원치 않는 곳에서 비참하게 죽어갈 수밖에 없는 믿음의 자녀들을 위하여 그들과 함께 계시며, 위로해주시며, 영적인 힘을 주시는 하나님이 계셨기에 조금도 두렵지 않았던 것입니다. 하나님이 함께하셨기에 육신의 절박함보다는 머지않은 미래에 찾아오게 될 영혼의 평안과 영원한 안식을 기대할 수 있었던 것입니다.

예수 그리스도의 복음을 담대하게 선포하다가 돌에 맞아 죽었던 초대교회의 첫 번째 집사 스데반은 육신의 비참함 속에서도 눈을 들어 천국을 바라보며 기뻐하였습니다. 하나님 우편에 앉아 계시던 예수님께서 벌떡 일어서서 자신을 바라보시는 모습을 보면서 천국에서 새롭게 시작하게 될 행복한 내일의 삶을 확신하였기 때문입니다. 그래서 기쁘게 육신의 삶을 마칠 수 있었던 것이죠.

그 평안! 그 행복! 그 기쁨! 하나님이 주신 영의 눈으로 바라본 내일에 대한 확실한 소망을 다른 사람들에게 알려주기 위하여, 그 짧은 시간에 수용소 벽면에 신앙고백의 글을 적었던 유대인들! 그들이 남긴 기록이야말로 죽어가는 순간의 고백이었습니다. 이보다 더 확실한 하나님 실존의 증거는 찾기 힘든 것입니다.

견고한 진과 같은 사랑

하나님을 아는 지식으로 믿음의 지평을 넓히고, 활짝 열린 영의 눈으로 하나님을 바라보면 이 세상의 삶이 전혀 두렵지 않습니다. 충만한 영적 기쁨이 세상의 어떤 고난과 고통이라도 넉넉히 이기고 남을 힘을 주기 때문입니다. 하나님은 이미 인간이 겪을 수 있는 모든 고통보다 더 극심한 고통을 아들을 통하여 경험하셨습니다. 천지의 창조자요 주관자이면서도 우리를 위하여 십자가에 못 박히신 독생자 예수 그리스도의 고통을 바라만 봐야 했던 하나님!

이것이 바로 인류를 향한 사랑의 표현입니다. 그 사랑으로 우리와 함께해주시는 것입니다.

그 사랑은 견고한 진과 같아서 절대로 허물어지지 않습니다. 그 사랑은 세상의 어떤 접착제보다 끈끈하여서 결코 떼어낼 수 없는 것입니다. 그 사랑의 끈은 세상의 어떤 가죽보다, 어떤 금속보다 강하여서 절대로 끊어버리지 못하는 것입니다.

하나님의 그 사랑이 당신의 아들이신 예수 그리스도와 우리를 하나로 이어주고 있습니다. 그 사랑이 우리가 이 세상을 살아가는 삶의 동력이 되어주고 있습니다. 그러나 성도가 그 사랑에서 벗어나게 될 때가 있습니다. 시험에 빠져서 믿음의 자리를 떠나는 일이 있습니다. 그 일이 성도를 실족시켜야 하는 사탄의 사명입니다. 사탄이 해야 할 일은 성도의 믿음을 연약하게 해서 하나님의 사랑에서 벗어나게 만드는 것입니다. 그래서 하나님의 존재를 부정하고 하나님의 임재하심을 믿지 못하게 하는 것입니다.

사탄의 네 가지 거짓말

많은 사람이 시험을 이기지 못하고 사탄의 유혹에 넘어가고 맙니다. 사탄이 고난 중에 있는 성도에게 그 고난에서 벗어남은 물론이요 가장 좋은 것을 주겠다고 유혹하기 때문입니다. 그러나 1600년대에 영국에서 사역한 '토머스 브룩스' 목사는 사탄의 유혹을 네 가지 거짓말로 정의합니다.

사탄은 명예를 주겠다고 하고 불명예를 줍니다.
사탄은 기쁨을 약속하고 고통을 줍니다.
사탄은 이익을 약속하고 손실을 줍니다.
사탄은 생명을 약속하고 죽음을 줍니다.

사탄의 네 가지 유혹 중에서 가장 큰 거짓말은 생명에 관한 것
입니다. 영원한 생명을 약속하고 미혹하지만 사탄이 주는 영원한
생명은 차라리 죽음만도 못한 것이기 때문입니다. 우리는 사탄의
유혹을 잘 견디고 뿌리쳐 하나님께서 약속하신 아름답고 영원한
생명의 길로 가야 합니다. 우리는 성도이며, 성도는 하나님께서
지극히 사랑하시는 하나님의 자녀이기 때문입니다.

사도 바울은 성도를 넘어뜨리려는 사탄의 온갖 시도를 설명하
면서, 우리에게 이길 힘을 주시는 성자 하나님, 예수 그리스도의
놀라운 사랑을 강조하고 있습니다.

누가 우리를 그리스도의 사랑에서 끊으리요 환난이나 곤고나 박
해나 기근이나 적신이나 위험이나 칼이랴 기록된 바 우리가 종일
주를 위하여 죽임을 당하게 되며 도살 당할 양 같이 여김을 받았나

이다 함과 같으니라 그러나 이 모든 일에 우리를 사랑하시는 이로 말미암아 우리가 넉넉히 이기느니라 내가 확신하노니 사망이나 생명이나 천사들이나 권세자들이나 현재 일이나 장래 일이나 능력이나 높음이나 깊음이나 다른 어떤 피조물이라도 우리를 우리 주 그리스도 예수 안에 있는 하나님의 사랑에서 끊을 수 없으리라(로마서 8:35~39)

사도 바울은 성도들을 향한 사탄의 일곱 가지 시험을 열거하고 있습니다. 환난은 외부상황으로부터 오는 고뇌를 의미합니다. 근심과 재난을 통하여 찾아오는 중압감, 불행 등이죠. 환난은 다른 모든 시험을 대체하여 이야기할 수 있는 총체적인 시험이기도 합니다. 어려움은 외적으로 나타나는 불행인 환난과 대비해서 내적 불행의 범주 안에서 해석되는 상황을 의미합니다. 하지만 어려움의 발단도 대부분 환난으로부터 비롯되는 것입니다. 또한, 박해도 환난의 한 부분입니다. 굶주림이나 헐벗음이나 위험이나 칼, 모두 환난이라는 단어로 바꾸어 표현할 수 있는 상황들입니다.

환난을 이겨낸 욥

성경에서 환난을 극복한 대표적인 인물이 욥입니다. 욥기 1장을 보면, 어느 날 사탄과 대면한 하나님께서 욥의 믿음을 자랑하십니다. "네가 내 종 욥을 주의하여 보았느냐? 그와 같이 온전하고 정직하여 하나님을 경외하며 악에서 떠난 자는 세상에 없느니라."

사탄이 말합니다. "하나님이 잘 해주시니까 그러는 거죠. 한 번 쳐보세요. 그러면 당장 하나님을 욕할 것이 틀림없습니다." "그래? 그럼 네가 쳐봐라. 하지만 그 몸에는 절대로 손을 대지 마라." 그래서 사탄이 욥을 치기 시작합니다. 욥의 종들과 자녀들이 다 죽었습니다. 그러나 사탄은 정신을 차릴 틈도 주지 않고 욥을 몰아붙였습니다. 많던 재물이 순식간에 사라져버리고 외톨박이 알거지가 되었습니다. 환난의 연속이었습니다. 그 결과로 욥이 하나님을 원망했습니까? 사탄의 말대로 하나님을 욕했습니까?

이르되 내가 모태에서 알몸으로 나왔사온즉 또한 알몸이 그리로 돌아가올지라 주신 이도 여호와시요 거두신 이도 여호와시오니 여호와의 이름이 찬송을 받으실지니이다 하고 이 모든 일에 욥이 범죄하지 아니하고 하나님을 향하여 원망하지 아니하니라(욥기 1:21~22)

놀라운 신앙고백입니다. 사탄의 의도는 명백히 실패했습니다. 그러나 끝까지 욥을 무너뜨리고 싶은 마음을 버리지 못한 사탄이 다시 하나님께 제안합니다. "그의 뼈와 살을 치면 반드시 주를 욕할 겁니다." "그래? 그럼 한 번 더 해봐라! 그러나 절대로 욥을 죽여서는 안 된다." 하나님의 조건부 허락을 받은 사탄이 욥의 몸을 쳤습니다. 온몸에 종기가 생겨서 질그릇 조각으로 몸을 북북 긁습니다. 얼마나 비참한 모습입니까? 그런 남편의 모습을 보는 부인의 억장이 무너지는 것은 당연한 일이죠.

세간에서는 세계 3대 악처 중 한 사람으로 욥의 아내를 꼽는 사람들도 있습니다. 그러나 집안이 풍비박산되고, 사랑하는 자녀들이 떼죽음을 당하고, 남편마저 병들어서 이 지경이 된다면 어느 부인인들 가만히 있겠습니까? 욥의 아내는 그저 평범한 아내입니다. 그녀가 차라리 하나님을 욕하고 죽으라며 앙칼지게 남편을 공박합니다. 그러나 욥은 뭐라고 합니까? "우리가 하나님께 복을 받았으니 화도 받지 아니하겠느냐!"

욥은 엄청난 고난 중에도 끝까지 하나님을 욕하지 않았습니다. 모진 환난과 고난을 통하여 욥을 굴복시키려고 했던 사탄의 의도는 성공할 수 없었습니다. 사탄과 내기를 벌여서 두 번 모두 기분 좋은 승리를 거두신 하나님께서 욥을 회복시켜주셨습니다. 그리고 모든 것을 이전보다 두 배로 축복해주셨습니다.

사탄의 목표는 성도들에게 환난을 가하여 하나님을 원망하게 만들고 하나님의 사랑에서 끊어지게 하는 것입니다. 우리에게 욥과 같은 환난이 있어서는 결코 안 될 일이지만 욥과 같은 믿음은 꼭 필요한 것이죠. 그것이 천국 문을 여는 축복의 열쇠입니다.

변함없는 사탄의 목표

사도 바울은 세 번에 걸친 전도 여행을 하는 동안 헤아릴 수 없이 많은 어려움에 직면했던 사람입니다. 그러나 그는 자신에게 닥쳐온 모든 위험을 통하여 더욱 하나님과 가까워진 사도입니다.

사탄의 목표는 바울이 하나님을 부인하고 떠나는 것이었습니다. 하지만 당시에 가용할 수 있는 모든 무기를 동원하여 집중적인 공격을 끊임없이 가했음에도 불구하고, 바울은 순교하는 그 순간까지 그리스도와 하나가 된 끈을 놓지 않았습니다. 그래서 하나님의 은혜 가운데 그리스도의 사랑이 충만해짐을 느끼게 되었습니다. 그 은혜를 통하여 어떠한 사탄의 공격도 그리스도의 사랑에서 자신을 끊을 수 없다는 사실을 확신하게 되었던 것입니다.

사탄의 목표는 지금도 과거와 똑같습니다. 환난과 어려움과 박해와 굶주림과 위험과 칼로 천지사방에서 우리를 협박하고 있습니다. 시공을 초월하여 우리의 삶을 공격하고 있습니다. 어떻게 생각하면, 그것이 지금 우리가 살아가는 삶의 모습입니다. 너무 힘들다 보니까 이러한 사탄의 공격에서 벗어나기 위하여 차라리 그리스도와 이어진 끈을 끊겠다는 어리석음을 범하는 성도들이 있습니다. 그러나 그 결과는 더 큰 불행이라는 사실을 분명히 알아야 합니다. 사탄에게 붙잡혀서 마귀의 종노릇을 하다가 지옥불에 던져지고 마는 참혹한 모습이 우리의 미래가 되는 일은 절대로 없어야 합니다. 그러기에 우리는 승리를 위하여 싸워야 합니다. 그리고 반드시 이겨야 합니다. 분명한 사실이 있습니다. 그것은 우리가 반드시 이길 수 있다는 사실입니다.

이김을 주시는 하나님

어떻게 하면 사탄을 이길 수 있습니까? 우리의 가장 강력한 무기는 말씀과 기도와 예배입니다. 기도는 하나님께서 직접 받으시는 것입니다. 우리를 사랑하시는 예수 그리스도의 이름으로 기도하면 됩니다. 기도만 하면 게임은 일방적인 승리로 끝나버린 것과 마찬가지입니다. 기도하는 교회는 마귀가 범할 수 없습니다. 기도하는 성도들에게는 사탄의 장난이 먹힐 수 없습니다. 기도하면 반드시 승리할 수 있습니다. 개인적인 기도도 필요합니다. 하지만 함께 모여 기도하는 것은 사탄이 더더욱 싫어하는 일입니다. 성전에서 성도들이 하나님께 예배드리는 일은 사탄에게 좌절을 안겨주는 일입니다. 성도들이 영과 진리로 예배하며 합심하여 하나님의 긍휼을 구할 때, 마땅히 응답하시는 하나님의 능력으로 어떠한 사탄의 공격이라도 넉넉히 이기게 되는 것입니다. 우리의 삶이 종일 주를 위하여 죽임을 당하게 되며 도살당할 양과 같을지라도 결국 우리에게 이김을 주시는 하나님의 힘으로 이기게 되는 것입니다. 하나님은 그리스도 예수 안에 있는 신실한 성도를 사랑하시고 그 성도의 삶을 보호해주시는 분입니다.

연작 영화로 만들어진 판타지 소설 『나니아 연대기』의 저자이며 기독교 변증론자인 'C. S. 루이스'는 평생을 독신으로 살다가 60세가 되어서야 결혼을 하고 가정을 꾸렸습니다. 그의 아내는 젊은 여류작가였습니다. 그러나 아내가 골수암으로 죽는 바람에 행복했던 결혼생활은 겨우 몇 년 만에 끝나버리고 말았습니다.

그의 일생과 안타까운 사랑 이야기가 1995년 영국에서 『새도우랜드』라는 제목의 영화로 만들어졌습니다. '안소니 홉킨스'와 '데보라 윙거'라는 당대의 톱스타가 C, S. 루이스 부부의 역을 맡았던 이 영화에서 루이스가 아내의 죽음이라는 예측할 수 없었던 고난을 맞았을 때 이렇게 말하는 장면이 나옵니다.

주님은 우리가 기쁠 때는 속삭이시고, 기분이 안 좋을 때는 양심에 조용히 말씀하시지만, 고통 중에 있을 때는 고함을 치신다. 고통

은 키먹은 세상을 깨우기 위한 주님의 메가폰이다.

주님이 늘 나와 함께 계신다는 말입니다. 무한한 고통을 이기는 놀라운 신앙고백입니다. 우리가 있는 모든 곳에 주님이 계십니다. 하나님께서 당신의 자녀를 얼마나 사랑하시는지 고백한 C. S. 루이스의 또 다른 글이 있습니다.

자신을 살아 있는 집이라고 상상해보세요. 하나님께서 비가 새지 않도록 지붕을 고치셨습니다. 그것은 놀랍지 않은 일이죠. 그런데 이제 집이 무너질 정도로 지독하게 두들기십니다. 이해할 수 없습니다. 하나님은 내 생각과 전혀 다른 집을 짓고 있다고 설명하셨습니다. 옆으로 새로운 문을 내시고 탑을 쌓으셨습니다. 나는 작고 아담한 오두막을 생각했는데, 하나님은 궁전을 짓고 계셨습니다.

하나님은 당신의 자녀에게 필요한 모든 것을 자녀가 바라는 것보다도 더 넘치게 채워주기를 즐겨 하시는 분입니다. 바로 그것이 사랑하는 자녀의 기쁨을 바라보는 하나님의 기쁨입니다.
사랑의 힘은 위대합니다. 더구나 우리를 사랑하는 분이 하나님이라면 그 크신 능력을 어떻게 사탄이 대적할 수 있겠습니까? 그래서 바울이 자신 있게 외치는 것입니다.

누가 우리를 그리스도의 사랑에서 끊으리요!(로마서 8:35a)

그러나 이 모든 일에 우리를 사랑하시는 이로 말미암아 우리가 넉넉히 이기느니라(로마서 8:37)

책을 덮고 큰소리로 외쳐보세요. 누가 나를 그리스도의 사랑에서 끊으리요! 아무도 없습니다. 당신을 그리스도의 사랑에서 끊을 수 있는 존재는 이 넓은 세상 어느 곳에도 없습니다. 하나님은 우리를 사랑하십니다. 사랑하시기에 늘 우리와 동행하기를 원하십니다. 사랑하는 사람들이 조금이라도 더 함께 있고 싶어 하는 마음이 나를 향한 하나님의 마음이라는 사실을 알아야 합니다.

내가 하늘에 올라갈지라도 거기 계시며 스올에 내 자리를 펼지라도 거기 계시니이다 내가 새벽 날개를 치며 바다 끝에 가서 거주할지라도 거기서도 주의 손이 나를 인도하시며 주의 오른손이 나를 붙드시리이다(시편 139:8~10)

다윗의 고백처럼, 살인마 히틀러의 아우슈비츠 수용소에 갇혀 있던 유대인들의 고백처럼, C.S. 루이스의 고백처럼 어디에든 항상 주님이 계셨습니다. 주의 손이 나를 인도하십니다. 하나님께서 만세 전에 나를 예비하여 주시고, 나의 부모님으로 하여금 나를 잉태하게 하시고, 모태에서 내 장부를 지으시고 나의 영혼과 육신을 조직하셨기 때문입니다. 그러기에 하나님은 내가 언제 앉을지 내가 언제 일어설지 다 아십니다. 하나님은 멀리서도 나의 생각을 모두 아신다고 말씀하시지만 절대로 멀리 계신 분이 아닙니다. 내 곁에 계신 분도 아닙니다. 바로 내 안에 계신 분입니다. 보혜사 성령으로 나와 함께 하시기에 나에게 닥친 환난도 아십니다. 내가 극복해야 하는 어려움도 아십니다. 나의 모든 필요를 아십니다. 아시기 때문에 사랑하는 것입니다. 모르면 사랑할 수 없습니다. 너무 잘 알아서 너무 사랑하십니다. 그러니까 내가 하나님의 지극하신 사랑 안에 머물기만 하면, 나의 모든 사정과 형편을 다 아시는 하나님께서 나에게 힘을 주시고 능력을 주셔서 어떤 시험이라도 넉넉히 이기게 하시는 것입니다.

그 하나님을 나의 하나님으로 고백하는 것이 더욱 견고한 구원의 자리에 들어갈 수 있는 은혜의 삶이며 하나님의 사랑으로 보장되는 축복의 삶입니다. 하나님은 우리를 뜨겁게 사랑하십니다.

여섯 번째 이야기

사랑하게 하시는 하나님

참 사랑과 거짓 사랑

지금 우리는 사랑이 넘치는 세상에 살고 있습니다. TV 드라마에도 온통 사랑 이야기뿐입니다. 사랑하기 때문에 생기는 미움과 다툼, 질투, 사랑으로 빚어진 오해와 범죄들이 드라마의 단골 소재입니다. 어느 드라마를 보니까 바람을 피운 남편이 아내에게 이렇게 항변합니다. "우리 사이는 불륜이 아니야, 우리는 진심으로 사랑하는 사이야!"

여기서 말하는 우리는 남편이 자신과 내연녀를 가리켜 하는 말입니다. 그러나 정당한 혼인 관계가 아닌 이성과의 사랑은 어떤 경우라도 용납될 수 없는 죄악일 뿐입니다. 그런 사이가 불륜이 아니라면 세상에 불륜은 없습니다. 불륜도 사랑이라고 이야기하는 세상입니다. 공익성은 눈곱만큼도 고려하지 않고 오로지 자극적인 대사로 시청률 올리기에만 전념하고 있는 드라마작가들의 특출한 글재주 때문에 불륜도 아름답게 포장되고, 나도 한 번 저런 사랑 해보고 싶다는 큰일 날 상상마저 불러일으키는 못된 세상에 살고 있습니다. 그러나 그런 사랑은 절대로 아름다운 사랑이 아닙니다. 사랑이라는 이름 자체를 붙일 수 없는 저급한 짓거리일 뿐입니다. 까딱하면 인생이 끝장나버릴 수 있는 위험천만한 불장난에 지나지 않습니다. 세상의 법으로나 하나님의 법으로나 가장 큰 죄악 중의 하나가 바로 그런 사랑입니다.

우리는 사랑해야 합니다. 그러나 세상에서도 인정하고 하나님께도 인정받는 아름다운 사랑을 해야 합니다. 그런데 사랑이 남녀 관계에서만 존재하는 것은 아니죠. 이성의 사랑이 아닌 아름다운 관계의 사랑이 얼마든지 존재합니다. 예컨대 사제 간의 존경과 자애의 마음, 부모와 자식 간의 끊을 수 없는 혈육의 정, 특히 내리사랑, 직장이나 사회단체에서 함께 호흡을 맞추는 동료 사이의 무한한 신뢰의 마음, 또 친구들의 진한 우정에서 비롯되는 이타적인 행위, 등등 이 모든 관계는 사랑이라는 이름으로 이야기할 수 있습니다. 그런데 하나씩 생각해보세요. 사제 간의 사랑이 오래 이어질 수는 있겠죠. 하지만 오랫동안 같은 마음으로 이어지기는 힘듭니다. 부모가 세상을 떠난 후에도 자식의 마음속에 어느 정도는 남아 있지만, 자기 자식에 대한 마음이 더 크게 자리 잡게 되면 부모는 점점 흐릿한 존재가 되고 맙니다. 친구 간의 우정도 마찬가지입니다. 평생토록 시종여일한 우정은 현실에서 거의 불가능한 일입니다. 사람과 사람 사이의 사랑은 한계가 있다는 말입니다. 거리가 멀어지면 마음도 멀어집니다. 이것이 옛 어른들이 말하는 인간관계의 진리입니다. 새롭게 만난 사람들과 사귐에 치중하다 보면 어쩔 수 없이 생기는 자연스러운 일입니다.

가만히 눈을 감고 옛날에 친하게 지냈던 사람들을 기억해보세요. 평소에 생각하지 못하고 있던 많은 사람들이 떠오를 것입니다. 수십 년 동안 변함없는 우정, 또는 사랑을 나누고 있는 분이 있습니까? 아마 있다고 해도 그 사랑의 농도가 똑같지는 않을 것입니다. 안 보면 죽고 못 살 것 같아서 결혼한 부부의 사랑도 세월이 흐르면 식어버리고 맙니다. 결혼한지 오래 된 부부는 사랑보다 더 질긴 정으로 산다고 합니다. 그래서 사랑은 변하는 것이라고 합니다. 그러나 절대로 변하지 않는 사랑이 있습니다. 아무리 시간이 흘러도 변하지 않고, 아니 오히려 날마다 더 깊어지는 사랑이 있습니다. 그것은 바로 우리를 향한 하나님의 사랑입니다.

사랑은 여기 있으니 우리가 하나님을 사랑한 것이 아니요 하나님이 우리를 사랑하사 우리 죄를 속하기 위하여 화목 제물로 그 아들을 보내셨음이라 사랑하는 자들아 하나님이 이같이 우리를 사랑하셨은즉 우리도 서로 사랑하는 것이 마땅하도다(요한일서 4:10~11)

하나님은 우리를 진심으로 사랑하십니다. 뜨겁게 사랑하십니다. 누군가 나를 진심으로 뜨겁게 사랑하고 있다는 사실을 알게 되었을 때, 그래서 기분 나쁘다고 할 사람은 아무도 없을 것입니다. 하나님은 언제나 변함없이 나를 사랑하시고, 당신을 사랑하십니다. 그 사랑의 놀라운 고백을 보세요.

진실한 사랑은 하나님을 향한 우리의 사랑이 아니라, 우리를 향한 하나님의 사랑이라고 합니다. 우리가 하나님을 사랑하지 않는다는 의미가 결코 아닙니다. 하나님을 향한 우리의 사랑도 분명히 귀하고 소중한 것이지만 그보다는 우리를 향한 하나님의 사랑이 더욱 더 크고 더 깊고 더 진실하다는 의미입니다.

먼저 하신 사랑

하나님을 향한 당신의 사랑이 언제 어디서 어떻게 시작되었습니까? 기껏해야 수십 년 전부터죠. 예수 믿는 부모를 만나 모태에서부터 교회에 다녔고, 이미 어린 시절에 하나님을 사랑한다는 사실을 깨닫게 되었다고 해도 불과 수십 년 전의 일입니다. 그러나 하나님은 이미 창세전부터 나를 사랑하셨습니다.

곧 창세전에 그리스도 안에서 우리를 택하사 우리로 사랑 안에서 그 앞에 거룩하고 흠이 없게 하시려고(에베소서 1:4)

우리의 사랑보다 하나님의 사랑이 훨씬 더 먼저입니다. 물론 꼭 먼저 사랑했다고 더 크게 사랑하는 것은 아니죠. 그러나 그분은 우리를 사랑하셔서 우리의 죄를 없애주기 위하여 당신의 아들을 보내신 분입니다. 우리와 같이 하찮은 인간을 위하여 당신의 아들을 화목 제물로 죽게 하신 분입니다. 우리가 이보다 더 하나님을 사랑할 수 있습니까? 아무리 사랑하는 사이라고 해도 대신 죽어주기까지 할 사람은 없습니다. 결과적으로는 다른 사람을 살리고 대신 죽는 의인이 있습니다. 하지만 의도적으로 처음부터 작정하고 그렇게 희생하는 사람은 없습니다.

과거에는 자녀가 부모에게 간을 주고 골수를 주는 것이 언론에

보도되기도 했습니다. 자식이 부모를 위하여 생명을 바치는 것도 아닌데, 오죽하면 장기 하나 떼어 주는 당연한 일이 기사화되겠습니까? 당연하지만 당연하지 않은 일들이 인간사회에 많이 있기 때문입니다. 자식으로서 당연히 해야 할 도리이지만, 그런 일을 하지 않는 자식들이 더 많다는 것이죠.

진정한 사랑의 관계가 형성되지 않은 까닭입니다. 인간의 자기 중심적인 이기심이 온전한 사랑을 불가능하게 만듭니다. 그러나 하나님은 이미 우리를 위하여 아름다운 천국을 만드시고 우리가 그곳에서 영원히 살 수 있도록 모든 준비를 마쳐놓으셨습니다. 하나님의 사랑으로 인하여 세상에서 주의 자녀로 선택받게 되었는데, 그 사랑이 이생을 넘어 내세에까지 영원히 이어집니다.

얼마나 크고 위대한 사랑입니까? 우리 안에 하나님에 대한 사랑의 마음이 심어지게 된 것도 하나님께서 값없이 주신 은혜의 선물이 있었기 때문에 가능한 일이었습니다. 우리에게 사랑의 마음을 주신 분도 하나님입니다. 하나님께서 우리에게 선물로 주신 많은 은사 가운데 사랑의 은사가 가장 으뜸가는 은사입니다. 그래서 사도 바울은 고린도전서 13장 전체를 통하여 사랑의 은사를 설명하면서 모든 은사 중에서 사랑이 최고의 은사라고 했습니다.

영원히 변하지 않는 최고의 선!

이토록 사랑은 귀하고 소중하며 아름다운 은사일 뿐만 아니라 우리가 추구해야 할 가장 귀한 가치입니다. 이 책을 읽는 모든 이들에게 하나님이 주신 사랑의 은사가 풍성하기를 축복합니다.

그리고 기왕이면 많이 사랑하시기 바랍니다. 남 보기에 이상한 사랑은 하지 말고, 손가락질을 받을 나쁜 사랑은 하지 말고, 떳떳하고 아름다운 사랑을 하시기 바랍니다. 하나님에게나 사람에게나 거리낌 없고 칭찬받을 수 있는 사랑을 넘치게 하시기 바랍니다. 하나님도 이웃도 많이 사랑하고, 형제자매 친구들도 많이 사랑하시기 바랍니다.

사랑하는 자들아 우리가 서로 사랑하자 사랑은 하나님께 속한 것이니 사랑하는 자마다 하나님으로부터 나서 하나님을 알고 사랑하지 아니하는 자는 하나님을 알지 못하나니 이는 하나님은 사랑이심이라(요한일서 4:7~8)

무엇보다도 뜨겁게 서로 사랑할지니 사랑은 허다한 죄를 덮느니라(베드로전서 4:8)

요한일서는 사랑의 사도인 요한이 쓴 편지입니다. 그는 예수님의 공생애 기간에 누구보다도 주님의 사랑을 많이 받은 제자입니다. 예수님께서 십자가에 달려 돌아가시기 직전에 그에게 육신의 어머니인 마리아의 봉양을 부탁했습니다. 요한은 그 소명을 끝까지 완수한 제자입니다. 그래서 그런지 사랑하라는 말씀을 특별히 많이 합니다. 요한은 서로 사랑할 것을 권면하고 있습니다.

베드로 사도도 서로 사랑할 것을 강조합니다. 서로 사랑해야 하는 이유는 사도들의 권면으로도 충분합니다. 그러나 우리가 서로 사랑해야만 하는 더 결정적인 이유가 있습니다. 예수님께서 우리에게 서로 사랑하라고 말씀하셨기 때문입니다.

새 계명을 너희에게 주노니 서로 사랑하라 내가 너희를 사랑한 것같이 너희도 서로 사랑하라(요한복음 13:34)

서로 사랑하라고 하는 것은 단순한 권면이 아닙니다. 예수님께서 우리에게 주신 새 계명입니다. 반드시 지켜야 할 주님의 명령이요, 우리 인생의 지상과제입니다. 만일 우리가 서로 사랑하지 못한다면 어떻게 될까요? 그것은 어느 한쪽의 일방적인 사랑이 되는 것입니다. 흔히 짝사랑 외사랑이라고 말하는 안타깝고도 안쓰러운 사랑이 될 수밖에 없는 것입니다.

하나님의 짝사랑

짝사랑을 한 번도 안 해본 사람은 없겠죠. 여자들은 대개 중고등학교 시절 총각선생님을 사랑한다고 하는데 대부분의 남자들도 짝사랑의 가슴앓이를 해 본 경험이 있습니다. 그러나 그것은 성장과정에서 겪는 통과의례에 불과한 것이고, 대부분의 짝사랑은 시간이 지나면서 잊혀지거나 빛바랜 추억으로 간직됩니다.

그렇다면 과연 누가 짝사랑을 가장 많이 하겠습니까? 서로 사랑하라고 수없이 강조하시는 하나님입니다. 하나님은 모든 사람을 똑같은 마음으로 사랑하십니다. 그런데 하나님의 사랑을 아는 사람은 얼마나 됩니까? 우리나라만 해도 인구의 20%가 되지 않습니다. 일본은 불과 1% 미만입니다. 전 세계적으로 보면 너무 많은 사람들이 하나님의 사랑을 모르고 만왕의 왕이신 하나님을 짝사랑하는 하나님으로 만들고 있습니다.

얼마나 가슴 아픈 일입니까? 우리에게 책임이 있습니다. 하나님의 사랑을 아는 우리가 그 사랑을 이루어드려야 합니다. 그래서 하나님이 우리에게 서로 사랑하라고 말씀하시는 것입니다. 기왕이면 믿지 않는 사람들과 하나님의 사랑을 나눌 수 있게 되기를 축복합니다. 그리스도 안에서 세상 사람들과 서로 사랑하게 된다면 당연히 그들이 하나님을 사랑하게 되는 것입니다.

서로 사랑하세요! 여기서 말하는 사랑은 남녀 사이의 육체적인 사랑이 아닙니다. 하나님이 우리를 사랑하신 고귀하고 순결한 사랑! 네 이웃을 네 몸과 같이 사랑하라고 하신 예수님의 명령과 같이 섬기고 나누는 사랑을 말하는 것입니다.

우리가 아직 하나님을 알지 못하는 세상 사람들과 그 귀한 사랑을 많이 나누려고 노력할 때, 하나님도 우리를 더욱 사랑하게 되는 것입니다. 그러니까 서로 사랑하라는 말씀의 '서로 사랑'은 일대일의 사랑이 아닙니다. 일대 다수, 또는 다수 대 다수의 사랑입니다. 세상에서 남녀의 사랑은 반드시 하나님이 짝지어주신 일대일이어야 하지만, 기독교적 개념의 사랑은 다다익선입니다. 상대가 많을수록 좋다는 뜻입니다. 그러면 우리가 어떻게 해야 많은 사람과 서로 사랑하며 살아갈 수 있을까요?

사랑하며 살 수 있는 방법

가장 좋은 방법은 내가 먼저 사랑하는 것입니다. 그리고 계속해서 사랑하는 것입니다. 그 다음, 모두를 사랑하는 것입니다.

우리가 사랑함은 그가 먼저 우리를 사랑하셨음이라(요한일서 4:19)

하나님이 우리를 먼저 사랑하셨다고 합니다. 'give and take'라는 말이 있습니다. 주고받는 것을 말합니다. 기왕이면 주고 난 후에 받는 것이 더 좋습니다. 받은 후에 주려고 하는 것보다는 먼저 주는 사랑을 할 수 있어야 합니다. 같은 것 같아도 크게 다릅니다. 누구에게 신세를 지고 난 후에 갚는 것보다는 내가 먼저 베푼 후에 받는 것이 더욱 떳떳하고 기분 좋은 일입니다.

사랑도 마찬가지입니다. 먼저 주되 아낌없이 주는 것입니다. 받을 생각 하지 말고 아무 조건 없이 그냥 주는 것입니다. 받을 생각으로 주는 것은 속 보이는 장사입니다. 그것은 사랑이 아닙니다. 그러나 아무 조건 없이 그냥 주면 준 만큼, 아니 그 이상으로 반드시 받게 되어있습니다. 이것이 성경에서 말씀하는 사랑법입니다.

우리 주님이 우리를 이렇게 사랑하셨습니다. 이것이 진정한 사랑입니다. 먼저 많이 사랑할 수 있기를 축복합니다. 그리고 계속하여 사랑하며 모두를 사랑하는 것입니다. 어떠한 구분이나 조건도 없이 사랑하라는 것입니다.

서로 사랑하는 인생의 가장 중요한 비결이 여기 있습니다. 원수를 사랑하고 나를 박해하는 자를 위하여 기도하면 세상에서 사랑할 수 없는 대상은 없습니다. 참된 하나님의 자녀라면 이 말씀을 실천하기 위하여 애써야합니다. 사랑해야한다는 말씀입니다. 하나님이 먼저 사랑하셨고, 끝까지 사랑하셨기 때문입니다.

일곱 번째 이야기

오래 참고 기다리시는 하나님

교회 개척의 영적 원칙

교회를 개척한 지 얼마 안 되었거나 개척을 준비하고 있는 목사들의 모임에 초대되어서 개척에 대한 이야기를 나눈 일이 있었습니다. 그때 개척을 준비하는 목사님들에게 몇 가지의 원칙을 제시했습니다. 인간적인 판단으로는 비합리적인 이야기일 수 있으나 영적으로는 반드시 따라야 하는 원칙입니다.

첫째, 개척을 위하여 기도하되 성령을 제한하지 말라. 어느 지역에서 어떤 형태의 개척을 하겠다고 미리 정해놓고 기도하지 말라는 것입니다.

둘째, 온전히 맡겨드려라. 내가 개척하는 것이 아니라 주님께서 개척하시는 것이고, 나는 그분의 심부름꾼인데, 이것저것 재고 계산하지 말라는 것입니다.

셋째, 오래 참고 기다리라. 부흥을 조급하게 생각하고 손님들을 무리하게 등록시키려고 하지 말고, 전도 대상자들을 무리하게 끌고 나오려고 하지 말고, 기도하고 꾸준히 접촉하면서 진득하게 기다리라는 것입니다. 또 교회 안에서 문제를 일으키고 속을 썩이는 성도가 있으면 집 나간 아들을 기다리는 탕자의 아버지와 같은 마음으로, 자녀의 진실한 회개를 기다리는 하나님 아버지와 같은 마음으로 오래 참고 기다리라는 것입니다.

그런데 사실 오래 참고 기다리는 주체는 우리가 아니라 하나님이십니다. 제가 섬기는 미소교회가 주상복합아파트 상가 2층에 있을 때, 이 아파트 4층에는 장성한 조카 부부가 살고 있었습니다. 조카의 아버지인 저의 형은 대한민국에서도 손꼽힐만한 기독교 안티입니다. 나름대로 그럴만한 사연이 있습니다만, 막냇동생이 목사가 되었어도 기독교에 대한 반감은 조금도 누그러지지 않았습니다. 따라서 조카 부부가 예수를 믿는다는 것도 쉽지 않은 일이었습니다. 그러나 저의 부부는 소망을 포기하지 않고 기도했습니다. 5년 동안 열심히 기도했습니다. 5년으로 부족하면 15년, 25년이라도 이들을 전도하기 위하여 기도하겠다는 마음이었습니다. 그러나 기도하면서도 전도의 말은 한마디도 꺼내지 않았습니다. 물론 내적 갈등은 늘 있었죠. 목사가 한 건물에 사는 조카에게 좀 더 담대하게 전도해야 하는 것이 아닌가? 주변에서는 나름대로 노방전도 많이 하는 교회로 꼽히고 있었는데, 정작 피붙이인 친조카에게는 언제까지 구원의 손길을 내밀지 않고 있을 것인가?

믿지 않는 조카가 한 건물에 살고 있다는 것이 성도들에게 관계전도를 독려하는 일에 걸림이 되기도 했습니다. 그러나 조카 가정을 위하여 기도할 때마다 아직 아니라는 느낌을 주셨습니다.

그렇게 기도만 하면서 5년이 지났습니다. 조카 가정에 두 번째 아기가 태어났습니다. 이 아기에게 의학적인 문제가 생기면서 저희 부부는 더욱 간절하게 기도했고, 마침내 성령님의 허락이 떨어졌습니다. 그래서 정성껏 음식을 차려놓고 조카 가정을 초대했습니다. 식사를 마치고 차를 나누면서 담대하고 강력하게 전도하기로 저희 부부가 계획을 세웠습니다. 그런데 식사를 하던 중에 조카가 불쑥 이렇게 말하는 것입니다. "저희 가정이 예수 믿기로 했어요. 이번 주일부터 열심히 교회 나올게요." 그동안 아버지 때문에, 가정의 평화를 위하여 예수 믿는 것은 꿈도 꿀 수 없는 일이었습니다. 하지만 아들의 병을 통하여 여러 가지 생각을 하던 중에 이것이 하나님의 초청이라는 생각을 하게 되었다는 것입니다.

저는 하나님께서 조카의 아들에게 일부러 병을 주셨다고는 생각하지 않습니다. 하나님은 오래 참고 기다리시다가 조카의 상황에 적절하게 개입하시어 그 마음을 성령으로 변화시켜주신 것이죠. 만약 제가 무리하게 전도를 하려고 했더라면 조카가 마음의 문을 꽁꽁 잠가버렸을 수도 있었을 것입니다. 그러나 지금 조카 부부는 두 아들과 함께 열심히 교회를 섬기며 찬양단장과 운영위원회 총무로 저의 사역을 돕고 있습니다. 조카의 아들은 여섯 살이 되던 해에 수술을 통하여 병을 고치고 건강하게 자라서 학교에 잘 다니고 있습니다.

화목을 위한 기도

모든 식구가 하나님을 믿는다면 대부분 화목한 가정을 이루고 있겠지만, 가정적인 불행 가운데 있는 분들도 없지 않습니다. 교인들 중에 겉으로 보기에는 평범한 부부 사이라도 그 내면에 엄청난 문제를 안고 있는 가정이 적지 않습니다. 가만히 보면 아무리

개방된 세상이라고 해도 아내 때문에 속 썩는 남편보다는 남편 때문에 속 썩는 아내가 더 많은 것이 현실입니다. 만약 지금 그런 상황에 있다면 어떻게 하시겠습니까? 속상해도 그냥 참고 살겠습니까? 이게 다 팔자려니 하고 치밀어 오르는 분노를 꾹꾹 눌러 담아야 할까요? 절대로 그러지 마세요. 그게 한이 되고 울화가 되고 우울증이 됩니다. 정신적 압박이 육체의 병으로 나타나게 됩니다. 그렇다고 남편을 두들겨 팰 수 있습니까? 그럴 수는 없습니다. 문제가 생길 때마다 일일이 따지고 싸우는 것도 바람직한 방법이 아닙니다. 그러면 어떻게 합니까?

가장 좋은 방법이 있습니다. 하나님께 맡기는 것입니다. 아담에게 하와를 짝지어주셨던 하나님께서 세상의 모든 부부를 맺어주신 것을 믿고, 중매하신 분이 책임지시라고 기도하세요. 떼를 쓰는 기도를 하셔도 괜찮습니다. 남편의 싹수가 아무리 노랗게 보여도 포기하지 말고 기도하세요. 오래 참고 기다리며 간절히 구하면 반드시 하나님께서 깨끗하게 바꾸어주십니다. 남편만이 아닙니다. 남편이 기도하면 속 썩이는 아내의 모습도 바꾸어주십니다. 어머니의 기도가 자녀를 변화시키듯, 배우자의 기도는 배우자를 변화시킬 수 있습니다. 마찬가지입니다. 하나님은 오늘도 당신을 거부하고 세상의 환락 가운데 머물며 죄짓기를 즐겨 하는 당신의 자녀들을 바라보고 오래 참으시며 누군가가 그들의 구원을 위하여 기도해주기를 기다리고 계십니다.

그러므로 사랑하는 자들아 너희가 이것을 바라보나니 주 앞에서 점도 없고 흠도 없이 평강 가운데서 나타나기를 힘쓰라 또 우리 주의 오래 참으심이 구원이 될 줄로 여기라 우리가 사랑하는 형제 바울도 그 받은 지혜대로 너희에게 이같이 썼고 또 그 모든 편지에도 이런 일에 관하여 말하였으되 그중에 알기 어려운 것이 더러 있으니 무식한 자들과 굳세지 못한 자들이 다른 성경과 같이 그것도 억지로 풀다가 스스로 멸망에 이르느니라 그러므로 사랑하는 자들아 너희가 이것을 미리 알았은즉 무법한 자들의 미혹에 이끌려 너희가 굳센 데서 떨어질까 삼가라(베드로후서 3:14~17)

초대교회 시절에도 주님의 재림에 대하여 의심하는 자들이 많이 있었습니다. 주님이 금방 오실 줄 알았는데 재림이 늦어지면서 성도들 사이에 흉흉한 소문이 돌았고, 여러 모양의 이단들이 난무하고 있었습니다. 신실한 그리스도인의 믿음을 지키는 일이 아주 힘들었습니다. 그때 예수님의 수제자인 베드로가 소아시아 지역에 흩어져 있던 그리스도인들의 바른 신앙을 위하여 쓴 목회서신이 베드로전서와 베드로후서입니다.

이 말씀을 시작하는 '그러므로'는 '내세가 반드시 오므로' 라는 뜻입니다. 바로 앞에 있는 12절 앞의 말씀과 13절 뒤의 말씀은 이렇게 기록되어 있습니다. "**하나님의 날이 임하기를 바라보고 간절히 사모하라.. 새 하늘과 새 땅을 바라보도다**" 그러니까 너희가 재림의 그 날을 바라보면서 주 앞에서 깨끗하게 살아야 한다는 말씀입니다. 그리고 "주의 오래 참으심"이라는 표현이 나옵니다.

하나님의 오래 참으심!

하나님께서 왜 곧바로 재림의 날을 주시지 않고 이토록 오래 참으시는 것입니까? 왜 심판의 날이 이렇게도 더딘 것입니까? 그러니까 세상 사람들이 정말 하나님이 있기는 있는 것이냐고 하는 의심을 하는 것 아닙니까? 그러나 의심은 명백하게 사탄이 주는 생각입니다. "그러니까 봐라, 바울의 말도 틀리고 베드로의 말도 틀리고, 심지어는 예수님이 하신 말도 틀리고 내가 하는 말이 진리다. 세상에 하나님은 없다. 바로 내가 하나님이다." 이러면서 여기저기서 이단의 무리들이 고개를 들고 설쳐대는 것입니다. 하지만 여전히 하나님은 침묵하십니다. 왜 잠잠히 계신 것입니까?

하나님께서 오래 참고 기다리시는 이유는 두 가지로 볼 수 있습니다. 하나는 조금이라도 더 많은 성도를 구원하기 위한 것입니다. 다른 하나는 자녀들을 확실하게 구분하기 위한 것입니다.

창세기에 '노아의 홍수' 이야기가 나옵니다. 패역한 시대였습니다. 하나님께서 사람 만드신 것을 후회하시고 사람들은 물론 당신이 지으신 피조물들을 모조리 쓸어버리기로 작정하셨습니다. 하나님께서 그렇게 작정하신 이유는 원죄를 지니고 태어난 사람들이 회개할 줄 모르고 죄 위에 죄를 더하고 있었기 때문입니다. 하지만 이렇게 사람을 멸망시키는 것이 얼마나 안타까우셨겠습니까? 그때 하나님의 눈에 세상의 죄인들과는 다른 삶을 살고 있는 한 사람의 모습이 들어왔습니다. 그의 모든 언행을 지켜보니까 한 점의 허물도 없는 온전한 의인이었습니다. 그가 바로 노아입니다. 하나님께서 노아를 인류의 중시조로 삼기로 작정하시고 그에게 방주를 만들라고 명령하셨습니다.

노아는 하나님의 명령에 순종하고 가족과 함께 무려 120년이라는 오랜 시간 동안 방주를 만들었습니다. 사람들에게 정신 나간 사람이라는 비아냥거리는 소리를 들었을 것입니다. 심한 조롱을 받기도 했을 것입니다. 그러면서도 전혀 개의치 않고 묵묵히 방주를 만들었습니다. 그동안도 하나님은 오래 참으시며 기다리셨습니다. 너무 더디다고 좀 더 부지런히 빨리 만들라고 채근하지도 않으시고 질책하지도 않으셨습니다.

마침내 방주가 완성되었습니다. 노아의 가족들은 하나님께서 지시하시는 대로 동물들을 모두 방주에 실었습니다. 베드로 사도는 이때의 상황을 이렇게 설명합니다.

그들은 전에 노아의 날 방주를 준비할 동안 하나님이 오래 참고 기다리실 때에 복종하지 아니하던 자들이라 방주에서 물로 말미암아 구원을 얻은 자가 몇 명뿐이니 겨우 여덟 명이라(베드로전서 3:20)

하나님께서 노아를 택하시고 방주를 다 만들도록 홍수의 심판을 미루면서 기다리신 이유 중의 하나가 혹시라도 저 악한 인간들 가운데 단 한 명이라도 뉘우치고 돌아오게만 된다면 얼마나 좋을까 하는 기대였습니다. 만약 노아의 가족들이 방주 만드는 것을 보고 마음에 감동이 되어서 돌이키고 자신의 죄를 회개하는 자가 있었다면 아마도 그는 틀림없이 구원의 방주에 오를 수 있었을 것입니다. 그러나 불행히도 그런 사람은 아무도 없었습니다. 단지 노아와 그 가족들만 구원받을 수 있었죠. 노아 부부와 세 아들의 부부, 모두 합해 여덟 명뿐이었습니다.

더 많은 의인이 나오기를 바라셨던 하나님의 오랜 기다림은 구원받을 의인과 멸망 받을 악인을 확실히 구분하는 결과를 낳았습니다. 바로 이것도 하나님께서 오래 참고 기다리시는 이유죠.

주님의 재림이 늦어지고 있는 이유도 마찬가지입니다. 하나님께서 여전히 오래 참으시며 기다리시기 때문입니다. 하나님은 조금이라도 더 많은 사람들이 하나님을 찾고 예수 그리스도를 믿어 구원의 자리에 들 수 있기를 간절히 바라고 계십니다. 하늘나라는 이들이 모두 들어오고도 남을 만큼 얼마든지 크고 넓습니다. 설사 하늘나라가 가득차서 비좁아진다고 하더라도 당신이 지으신 소중한 생명이 단 한 사람이라도 더 구원받기를 바라는 것이 하나님의 솔직한 마음입니다. 이것이 하나님의 사랑입니다.

바로 이것이 오래 참고 기다리시는 첫 번째 이유입니다.

알곡과 가라지

그러나 다른 한편으로, 알곡과 가라지가 확실하게 구분될 정도로 자라서 의인과 악인의 본 모습이 드러나게 되기를 바라는 것도 하나님께서 오래 참고 기다리시는 이유입니다.

마태복음 13장에 보면 예수님께서 천국의 비유를 말씀하십니다. 좋은 씨를 밭에 뿌린 사람들이 자고 있을 때에 원수가 와서 가라지를 덧뿌리고 갔습니다. 뒤에 종들이 가라지를 보고 주인에게 뽑아버리겠다고 합니다. 그러나 주인이 종들을 말립니다. 가라지를 뽑으려다가 곡식까지 뽑게 될 수 있다는 이유에서입니다. 그러니까 그냥 둘 다 자랄 때까지 내버려 두라고 합니다. 다 자라고 난 후에는 어떻게 하겠다고 하십니까?

둘 다 추수 때까지 함께 자라게 두라 추수 때에 내가 추수꾼들에게 말하기를 가라지는 먼저 거두어 불사르게 단으로 묶고 곡식은 모아 내 곳간에 넣으라 하리라(마태복음 13:30)

알곡과 가라지가 확실하게 구분될 때까지 오래 참고 기다리는 이유는 알곡, 즉 하나님의 자녀를 보호하기 위한 것입니다. 그렇다면 교회에 다니고 있는 사람들 가운데도 알곡과 가라지가 있을까요? 충분히 있을 수 있습니다. 그러나 그것은 함부로 생각하고 판단할 수 없는 일입니다. 누구라도 '아무리 생각해봐도 나는 가라지야!' 이런 생각은 하지 말아야 합니다. 적어도 이 책을 읽는 독자 중에는 가라지가 없다는 사실을 확신하셔도 좋을 것입니다.

다만 전제 조건이 있습니다. 베드로 사도의 말씀과 같이 주 앞에서 점도 없고 흠도 없이 평강 가운데서 나타나기를 힘쓰면 됩니다. 하나님은 사랑이 풍성하신 분입니다. 그 마음으로 우리가 모두 구원받기를 바라시기 때문에 주 앞에 온전히 행하는 자를 가라지로 판단하고 내치실 리는 없습니다.

또 우리 주의 오래 참으심이 구원이 될 줄로 여기라 우리가 사랑하는 형제 바울도 그 받은 지혜대로 너희에게 이같이 썼고(베드로후서 3:15)

주님이 오래 참으셨다고 합니다. 그 덕에 우리를 구원의 자리로 불러주실 수 있었습니다. 주님은 더 많은 사람이 구원의 반열에 오를 수 있도록 여전히 참고 기다리십니다. 그때가 언제일지는 몰라도 주님은 분명히 오십니다. 반드시 재림의 날, 심판의 날이 옵니다. 우리가 알고 있어야 하는 중요한 사실은 그날이 지난 이후에는 영영 구원받을 기회가 없다는 것입니다.

노아의 방주가 닫히고 하나님께서 말씀하신 대로 홍수가 시작되었습니다. 그러나 누구도 방주에 오를 수 없었습니다. 후회해도 소용없는 일입니다. 노아의 가족을 제외한 모든 인류가 물의 심판으로 멸망하고 말았습니다.

그때 사람들이 방주를 만드는 노아를 비웃으며 죄를 탐닉했듯이, 지금 사람들도 주님의 경고를 들으면서 돌이킬 줄 모르고 오히려 하나님을 비웃고 있습니다. 죄가 주는 기쁨을 즐기며 더 큰 죄에 몰입하고 있습니다. 어리석은 일입니다. 주님께서 재림하신 후에는 아무리 회개해봐야 소용없습니다. 언제일지는 모르지만, 우리는 그날을 위하여 점도 없고 흠도 없이 온전해야 합니다.

오직 흠 없고 점 없는 어린 양 같은 그리스도의 보배로운 피로 된 것이니라(베드로전서 1:19)

주님의 귀한 보배피로 구원받은 우리에게 점과 흠이 있으면 안됩니다. 그러나 나에게 점이 있고 흠이 있다는 사실을 스스로 알았다면 진실한 회개를 통하여 점투성이 흠투성이의 몸을 깨끗하게 만들 수 있습니다. 주님의 보혈로 주홍 같은 죄를 깨끗하게 씻을 수 있습니다. 이제까지 몸에 지니고 있던 수많은 점과 흠들을 다 뽑아내고, 깨끗이 지우고, 흰 눈보다 더 희고 순결한 몸과 마음, 주님께서 기뻐하시는 온전한 영혼으로 거듭날 수 있습니다.

이것이 하나님의 자녀가 누릴 수 있는 특권입니다. 그런데 만약 사람들이 점과 흠이 많은 몸으로, 알곡으로 변화 받지 못한 가라지의 상태로, 노아의 방주 밖에 머물던 사람으로 재림의 심판을 맞이하면 어떻게 될까요?

만군의 여호와가 이르노라 보라 용광로 불 같은 날이 이르리니 교만한 자와 악을 행하는 자는 다 지푸라기 같을 것이라 그 이르는 날에 그들을 살라 그 뿌리와 가지를 남기지 아니할 것이로되(말라기 4:1)

뜨거운 용광로와 같은 날이 심판의 날입니다. 그날, 교만한 자와 악을 행하는 자! 즉 가라지와 같이 구원받지 못한 악인들은 지푸라기같이 되어버리고 맙니다. 지푸라기를 불에 넣으면 순식간에

흔적도 없이 사라지고 맙니다. 세상에서 그렇게 아등바등하며 살았는데 결국 이렇게 불구덩이 속에서 허무하게 사라져버릴 것이라면 지나온 시간들의 땀과 수고가 얼마나 허망합니까?

세상의 모든 악을 즐기며 부귀와 영화를 누리던 소돔과 고모라도 지푸라기와 같이 불타 없어지고 지금은 그 흔적조차 찾아볼 수 없습니다. 우리가 이렇게 되면 안 됩니다. 이 책을 읽고 있는 독자 여러분은 물론이요, 여러분의 가족, 여러분의 친구, 여러분과 함께 하나님을 믿으며 인생을 즐기는 사람들은 누구도 이렇게 되지 말아야 합니다.

우리는 우리를 위하여 오래 참고 기다리시는 하나님께 기쁨을 드리고, 하나님께서 주시는 은혜를 잘 받아서 점도 없고 흠도 없는 풍성하고 형통한 인생길을 걸어야 합니다. 그래서 모든 것이 녹아 없어져버리는 용광로 불이 아닌, 밝고 아름다운 천국을 소망할 수 있는 구원의 자리에 오르게 되기를 축복합니다.

여덟 번째 이야기

위로해주시는 하나님

성도의 삶을 공감하라!

저는 목사가 되기 전에 여러 가지 일을 했습니다. 대학교의 전공은 국어국문학이었지만 중학교 때에 주산 2단이었을 정도로 숫자 개념에 밝아서 주로 회사의 기획 관리부 혹은 회계부에서 일한 경험이 많았습니다. 주경야독으로 신학대학을 마치고 신학대학원 공부만큼은 제대로 하고 싶었습니다. 그러나 이미 두 아이의 아버지인 가장으로서의 책임감이 있었기에 쉽지 않은 일이었습니다.

그래서 기도한 결과 하나님께서 새로운 길을 열어주셨습니다.

중견 법인업체의 비상근 감사로 근무하면서 자금컨설팅을 해주는 것이었습니다. 회사의 재무구조를 파악해서 장단기 자금계획을 세워주고, 적절한 고용계획을 세워주고, 세무서의 정기 감사를 도와주고, 신용보증기금에서 보증서를 받도록 도와주거나 은행에서 대출을 받을 수 있도록 도와주는 일을 했습니다.

재무구조 개선을 위하여 임직원을 정리 해고하는 과정에서 욕도 많이 먹었고, 심지어 협박까지 당한 일도 여러 번 있었습니다. 신용보증기금이나 은행 지점장, 또는 세무서 담당을 만날 때 그리스도인의 정체성을 지키기 위하여 나름 애써야 했던 일들도 힘든 일과 중의 하나였습니다. 하지만 그런 삶의 경험들이 목회 상담을 하면서 성도의 고민을 듣고 공감하고 이해하며 기도해주는 상황에서 많은 도움이 되고 있는 것을 보면 이것도 모두 하나님의 인도하심과 섭리하심이었던 것을 깨닫고 감사하고 있습니다.

IMF 직전에는 한 의류회사의 자금컨설팅을 하게 되었는데, 약 20여 개의 백화점과 대리점 매장을 소유하고 10대 후반에서 20대 초반의 여성의류를 제조 판매하던 중견업체였습니다. 오너가 굉장히 보수적이어서 직원들은 한여름에도 긴 팔 와이셔츠에 넥타이핀, 소매 버튼까지 하고 다녀야 했고, 여직원도 정장을 입어야 할 정도로 복장문화가 엄격했습니다.

 그런데 한 달에 두 번씩 의무적으로 해야 하는 일이 있었습니다. 격주 토요일에 상의는 티셔츠나 울긋불긋한 남방을 입고 하의는 청바지 혹은 면바지 차림으로 출근해서 신촌, 대학로, 강남의 로데오 거리 등 젊은이들이 많이 모이는 곳에 가서 놀아야 하는 것이었습니다. 점심은 피자나 햄버거, 스파게티 중에서 먹어야 했고, 노래방에 가서 신세대 노래를 불러야 했습니다. 이 행사에 모든 임직원이 의무적으로 참여했습니다. 젊은이의 옷을 만들어 팔기 위해서는 젊은이의 감각을 유지해야 한다는 오너의 생각 때문이었습니다. 젊은이의 유행을 보지 못하고 그들의 생각을 읽지 못하면서 그들이 입을 옷을 만들어 판다는 것은 모순이라는 것입니다. 보수적인 분이지만 업무를 위한 사고는 열려있었던 것이죠.

 목회를 시작하면서 같은 생각을 했습니다. 그래서 머리를 신경써서 염색하고, 성도들이 좋아하는 TV 프로그램을 열심히 보고 있습니다. 젊은이들이 좋아하는 음악프로, 드라마와 스포츠, 심지어 격투기까지 시간을 내서 챙겨보고 시간이 안 맞으면 다운을 받아서 봅니다. 주일 예배 후 식탁의 교제를 나눌 때면 이러한 부지런함이 빛을 발하곤 했습니다. 아니 목사가 설교 잘하면 되지 그게 무슨 짓이냐고, 더군다나 교회에서 밥 먹으면서도 하나님 이야기해야지 드라마 이야기하고 격투기 이야기를 하고 있느냐고 정색을 할 분도 계실 겁니다. 하지만 저는 목사가 성도들과 신앙 이야기만 해야 한다는 견해에 반대합니다. 성도들의 실질적인 삶을 알아야 그들을 이해할 수 있기 때문입니다. 성도들이 연속극보고, 야구장 가고, 게임을 하는 것이 현실인데, 그들과 공감대를 이루지 못하면 그들이 하는 생각도 이해할 수 없게 됩니다. 그러면 그들의 진정한 상담자가 될 수 없는 것입니다.

참된 위로는 내 마음이 상대방의 아픔을 진심으로 공감할 때 가능한 것입니다. 실패의 상처, 거절의 아픔, 쓰라린 역경을 경험하고 위로를 통하여 상처를 치유 받았던 사람이 다른 사람의 상처를 제대로 위로해줄 수 있습니다. 우리 주님께서 네 이웃을 너 자신과 같이 사랑하라고 하신 말씀의 참된 의미가 바로 여기 있는 것입니다. 성도들의 삶을 공유하고 공감하는 것! 그래서 그들의 고민과 아픔을 실질적으로 이해하고 그 마음을 내 안에서 느끼며 위로하는 것이 참된 위로라고 할 수 있을 것입니다.

평탄하지 않은 삶의 여정

우리 인생길이 고난 없이 평탄하기만 했으면 얼마나 좋겠습니까? 그러나 세상의 삶은 그렇지 않습니다. 인간은 틈만 있으면 먹고 먹히는 생존경쟁이 당연시되는 콘크리트의 정글 속에서 살고 있습니다. 그러다 보니 무슨 일이든 승자와 패자가 정해지는 것은 어쩔 수 없는 현실입니다. 그래서 누군가를 위로해야 할 일도 생기고, 또 나 자신이 위로를 받아야 할 일도 생기는 것입니다.

갑작스러운 가족의 죽음으로 절망에 빠질 수도 있고, 영원히 행복할 것만 같았던 결혼생활이 한순간의 물거품으로 끝나버릴 수도 있습니다. 가장의 사업실패로 말미암아 가족이 생이별해야 하는 일도 있습니다. 열심히 노력했지만, 바라던 일을 이루지 못함은 고사하고 삶의 질이 곤두박질쳐버릴 수도 있습니다. 대입 실패, 승진 실패, 아무리 행복한 삶을 살았노라고 회고하는 사람이라도 생애를 통해 몇 번의 실패는 분명히 있었을 것입니다.

환난과 고난, 역경의 삶! 불교에서 나온 말 중에 인생을 고해라는 말이 있는 것도 이런 이유입니다. 고해는 고통의 바다라는 뜻입니다. 문제는 이러한 삶의 역경이 믿지 않는 이들에게만 찾아오는 일이 아니라는 것입니다. 하나님을 열심히 믿는 이들도 세상에서 실패할 수 있고 가슴 아픈 비극의 주인공이 될 수도 있습니다.

우리가 마게도냐에 이르렀을 때에도 우리 육체가 편하지 못하였고 사방으로 환난을 당하여 밖으로는 다툼이요 안으로는 두려움이

었노라 그러나 낙심한 자들을 위로하시는 하나님이 디도가 옴으로 우리를 위로하셨으니 그가 온 것뿐 아니요 오직 그가 너희에게서 받은 그 위로로 위로하고 너희의 사모함과 애통함과 나를 위하여 열심 있는 것을 우리에게 보고함으로 나를 더욱 기쁘게 하였느니라 (고린도후서 7:5~7)

오직 믿음으로 복음 전파를 위하여 전력하던 사도 바울에게도 힘든 일이 끊이지 않았습니다. 시기와 모함, 환난과 박해에 둘러싸여 있었습니다. 끊이지 않는 싸움과 이로 인한 두려움이 안팎으로 바울을 옭아맸습니다. 그러나 바울은 고린도 교회에 특별한 애정을 품고 있었습니다. 자신이 세운 교회이니까 당연한 마음이라고 할 수도 있습니다. 하지만 그보다는 고린도가 신앙을 지키기 힘들 정도로 너무나도 악한 도시이기 때문이었습니다.

세상의 모든 우상이 이 한곳에 다 모였다고 해도 이상하지 않을 만큼 고린도는 영적으로 퇴폐한 곳이었습니다. 고린도 정상에 있는 아프로디테 신전에는 매음굴이 있고, 몸을 파는 여 사제들만 천 명이 넘었다고 전해지고 있습니다. 신전이 아니라 영락없는 매춘의 소굴이었던 것입니다.

이런 상황 속에서 고린도 교회를 바라보는 바울의 마음은 마치 신호등 없는 찻길을 건너다니는 아이를 바라보는 부모의 마음과 같았던 것입니다. 아니나 다를까, 문제가 많이 생겼습니다. 그래서 에베소에 머물던 바울이 고린도전서를 써 보냈습니다. 작심하고 아주 모질게 썼습니다. 그러고도 마음이 안 놓여서 동역하는 제자 디도를 고린도 교회에 보냈습니다. 그리고 드로아에 가서 돌아오는 디도를 만나려고 했는데, 못 만나고 마케도니아까지 오게 된 겁니다. 그래서 걱정도 많고 근심도 많았습니다. 그런 마음들이 모여서 두려움으로 변했던 것 같습니다. 더군다나 가는 곳마다 불신자들 또는 그리스도를 대적하는 이단들과 끊임없는 논쟁을 벌여야 했습니다. 몸도 지치고 마음도 지쳤습니다. 이것이 당시 바울의 상황이었습니다.

환난 중에 찾아야 하는 분

하나님을 믿지 않는 이들에게 복음을 전하는 일은 결코 쉬운 일이 아닙니다. 상황에 따라서는 더 큰 시험을 가져오기도 합니다. 전도하다 시험에 들어 교회를 떠나는 이들도 있습니다. 예수를 잘 믿는 주의 종이라고 고난의 가시밭길을 비껴갈 수 있는 것도 아닙니다. 피할 수 없는 고난을 무작정 피하려고만 하는 것은 절대로 현명한 일이 아닙니다.

나에게 닥친 삶의 고난을 어떻게 받아들여야 기쁨의 열매로 승화시킬 수 있는가! 기왕에 맞이한 환난을 어떻게 극복해내야 궁극적인 구원의 소망을 이룰 수 있는가! 이것이 우리에게 아주 중요한 일입니다. 바로 여기에 우리 인생의 성패가 달려있다고 할 수 있습니다. 더욱 중요한 사실은 어떤 환난을 당하게 되더라도 절대로 낙심하고 실족해서는 안 된다는 것입니다.

네가 만일 환난날에 낙담하면 네 힘이 미약함을 보임이니라(잠언 24:10)

여기서 말하는 힘은 믿음입니다. 아무리 큰 환난이 삶을 가로막아도 결코 낙담해서는 안 되는 이유는 그것이 믿음의 연약함을 드러내는 꼴이 되기 때문입니다. 사탄이 쉽게 비집고 들어올 수 있도록 틈을 주게 된다는 것입니다. 사탄은 절대로 그런 틈을 놓치지 않습니다. 옳다구나 하면서 달려듭니다. 연약함을 드러낸 성도의 내면을 엉망진창으로 헝클어놓은 후에 혼란에 빠져 엉거주춤하고 있는 사이에 뒷덜미를 단단히 움켜잡을 것입니다. 그리고는 승리의 휘파람을 불면서 그 영혼을 어두움의 세상으로 끌고 가버리고 말 것입니다.

성도의 인생에서 그보다 더 비극적인 일은 없습니다. 버텨야만 합니다. 그리고 충분히 버틸 수 있습니다. 우리는 하나님의 자녀이기 때문입니다. 하나님께서 붙들어 주시기 때문입니다. 하나님은 성도의 삶이 평안할 때만 함께 계신 분이 아닙니다. 오히려 환난 중에 더욱 찾고 의지해야 하는 분이 하나님입니다.

의류회사 감사로 근무하고 있을 무렵, 믿음 좋은 배우 신현준씨와 가까이 할 수 있는 기회가 있었습니다. 그가 제법 인기를 얻어가고 있던 시절에 자주 찾던 식당이 제가 다니던 식당이었기 때문입니다. 『청담 칼국수』라는 간판을 걸었던 그 식당 주인이 어느 케이블 방송국 조명감독의 아내였다고 하는데, 그런 까닭인지 유명한 배우들이 많이 찾아왔습니다. 그런데 많은 배우들 중에서 신현준은 특별했습니다. 어느 날 야근을 하던 중 저녁을 먹기 위해 식당에 갔다가 앉을 자리가 없어서 두리번거리고 있는데, 먼저 합석을 권했습니다. 아주 예의 바르고 겸손했으며, 제가 신앙인인 것을 알고 자신도 하나님의 아들인 것을 자랑스럽게 이야기했습니다. 그후로도 가끔씩 합석을 하며 이야기를 나누었습니다.

그런 그가 얼마 전 한 잡지와의 인터뷰에서 자신의 믿음의 뿌리가 어머니인 것을 고백했습니다. 매일 아침에 일어나 정오까지 기도하고, 또 밤 11시부터 새벽 2시까지 기도하신답니다. 아들이 배우 생활 중에 매니저와의 관계로 인해 큰 어려움을 당했을 때, 힘들어하는 아들을 꼭 끌어안고 이렇게 말씀하셨답니다. "아들아 힘을 내라! 환난과 고난 중에 소망을 갖고 기도하면 하나님께서 더 큰 축복을 주신단다." 기도를 통하여 하나님께 의지하는 것! 이것 만이 환난 중에도 낙심하지 않고, 환난을 인내와 연단의 지렛대로 삼아 마침내 소망을 이루어낼 수 있는 유일한 방법입니다.

'낸시 카마이클'은 남편과 함께 잡지를 발행하고, 책도 쓰고 가족관계 세미나도 인도한 사역자입니다. 이미 아들들이 있었는데 한 아기를 입양했습니다. 생후 3년 6개월 된 김영자라는 이름의 한국아이였는데, 이 아기는 병 덩어리였습니다. 그녀는 자신도 성치 않은 몸으로 입양한 딸을 위해 헌신하면서 하나님의 은혜 가운데 깊은 믿음의 통찰력을 갖게 됩니다. 광야와 같은 인생길을 살아가면서 놀라운 신앙의 비밀들을 발견하고, 하나님을 만나는 감격을 『광야의 은혜』라는 책에서 고백하고 있습니다.

광야 자체는 비극이 아니다. 광야에서 하나님이 하시는 말씀을 듣지 못하는 것이 비극이다. 나는 광야라는 인생의 수렁에 빠졌고, 이로써 이전에 알지 못하던 하나님의 위로와 돌보심을 맛보았다. 내가 연약할 때 그분이 나의 힘이 되셨다.

그녀는 이렇게 기도합니다.

주님! 나는 주님께 '나와 함께 하소서'라고 기도하지 않겠습니다. 주님은 언제나 나와 함께 하시기 때문입니다. 그러하오니 내 눈을 열어 주의 임재를 보게 하소서.

우리도 이렇게 기도할 수 있기를 원합니다. 분명히 알아야 할 것은, 우리 하나님은 아무리 큰 환란에 빠진 성도라고 해도 믿음을 지킬 수 있도록 붙잡아주시고, 세워주시고, 북돋워주시고, 마침내 구해내고야 마는 능력의 하나님이며 사랑과 은혜의 하나님이라는 사실입니다.

다만 이뿐 아니라 우리가 환난 중에도 즐거워하나니 이는 환난은 인내를, 인내는 연단을, 연단은 소망을 이루는 줄 앎이로다(로마서 5:3~4)

우리가 바라는 믿음의 궁극적인 목표가 영원한 구원이라면, 그 소망을 이루기 위하여 가는 길에 미처 예상할 수 없는 온갖 종류의 장애물들이 있으리라는 것은 충분히 각오해야 합니다. 세상 권세 잡은 불의의 영이 성도의 구원을 순순히 보고만 있지 않기 때문입니다. 어떻게든 막으려고 합니다. 시련도 주고 낙심도 시키고, 정말 하나님이 계신 것 맞느냐고 울부짖게도 만듭니다. 그러나 그런 상황 속에서라도 우리가 하나님께 대한 믿음을 굳게 지켜나갈 때, 하나님께서 위로하고 평안을 주심으로 더욱 큰 은혜의 자리로 들어가게 되는 것입니다.

하나님이 주시는 위로의 기쁨

노심초사하던 사도 바울은 디도를 만나기 위해 머물렀던 드로아에서 복음전파의 기회가 열렸음에도 불구하고 그곳을 떠났습니다. 하루라도 빨리 디도를 만나고 싶었기 때문입니다. 디도가 가지고 오는 고린도 교회의 소식을 알아야 한다는 매우 급한 마음이 있었던 것입니다. 그래서 복음 전도자가 복음전파의 기회까지 스스로 버리게 했던 것입니다. 그만큼 마음의 여유가 없었습니다.

이렇듯이 고린도 교회를 향한 바울의 마음은 자녀를 향한 부모의 그것과 같았습니다. 그래서 애달파하면서 쉬지 않고 마케도니아까지 달려왔습니다. 그동안에도 사방으로부터 환난을 겪었다고 합니다. 엄청난 마음의 압박감을 토로하고 있는 것입니다. 그리스도의 대사도인 바울조차 낙심하는 자리에 빠질 것만 같습니다. 그러나 놀라운 반전이 있습니다. 언제나 가장 적절할 때 임하시는 하나님의 역사가 나타난 것입니다.

사도 바울은 하나님의 위로를 통하여 새 힘을 얻게 되었습니다. 거의 낙심할 뻔했는데, 드디어 디도를 만나게 된 것입니다. 그리고 디도를 통하여 많은 이야기를 듣게 됩니다. 고린도 교회의 사정이나 바울의 편지에 대한 그들의 반응도 궁금했습니다. 그래서 디도를 만나려고 했던 것입니다. 하지만 바울은 일단 디도를 만난 것만으로도 큰 위로를 받았습니다. 예수 믿기 어렵던 시절이었기 때문입니다. 믿기도 힘들었지만 그 믿음을 전파하기 위해서는 목숨을 걸어야 하던 시절입니다. 길도 험하던 시절입니다. 디도가 험한 여행길을 다녀오면서 예수를 전파한다는 이유로 공권력에 잡힐 수도 있었고, 길에서 강도를 만날 수도 있었고, 큰 병이 들어 어딘가에서 아무도 모르게 죽어갈 수도 있었습니다. 그런 상황이기에 그를 기다리는 동안 바울의 마음은 바짝 타들어갔습니다.

고린도 교회도 중요합니다. 하지만 사랑하는 제자인 디도의 안위도 걱정이 되었을 것이 틀림없습니다. 그런데 다시 만나게 된 것입니다. 얼마나 기쁘겠습니까? 오랫동안 보이지 않는 성도를 기다리는 목사의 마음이 이와 같습니다. 우리 집사님이 무엇 때문에 낙심했을까? 우리 권사님은 어떤 시험에 들었을까? 어떻게 하면 믿음을 회복할 수 있을까!

저의 영적 스승인 김규병 목사님이 담임으로 시무하던 방배동의 서울믿음교회를 섬기던 시절, 어느 해의 교회 창립기념 주일에 아주 오랜만에 저의 부모님이 나오셨습니다.

칠남매의 막내인 저는 스무 살에 처음 예수를 만나서 군대생활을 하는 동안 군종사병으로 섬겼을 만큼 열심히 예수를 믿었습니다. 그러나 큰 사업을 하면서 매일매일 그날의 일진을 보고 굿과 고사만 담당하는 박수무당을 상무로 따로 두었을 정도로 미신에 심취해 있던 맏형이 저의 신앙생활을 집요하게 박해했습니다. 그런데 그 형이 갑자기 암 말기 판정을 받고 짧은 시간의 투병생활을 통하여 예수를 영접하고 주님 품으로 떠났습니다.

이 사건이 계기가 되어 뒤늦게 예수를 믿게 된 부모님이 연로한 연세에도 불구하고 당시 고양군 가라뫼라는 곳에서 방배동까지 꼭 함께 나와 주일을 지켰습니다. 지하철도 없던 때였습니다. 부모님은 목사님에게 세례를 받고 집사 직분까지 받게 되었습니다.

하지만 당시 고양에서 부모님을 모시던 바로 위의 형은 여전히 불교를 믿고 있었습니다. 당시에는 그 형도 부모님의 신앙을 크게 반대하지 않았습니다. 그런데 그 형이 아들을 낳은 바로 그날 오후에 병원으로 심방을 간 여전도사님이 큰 실수를 했습니다. 산모가 있는 병실에서 어머니와 예배를 마친 후에 형에게 예수를 믿으라고 권하면서 이런 말을 한 겁니다. "아무개는 내 말 안 듣다가 금방 난 아들이 뇌성마비에 걸리고, 아무개는 아들이 몇 달 만에 죽고 나니까 그때야 돌아왔습니다. 그런 꼴 당하고 후회하지 말고 주의 종이 권할 때 바로 믿어야 합니다!" 생후 하루가 안 된 아이를 앞에 두고 불교신자에게 할 말은 아니었습니다. 그날 집에 간 형이 부모님의 성경 찬송을 모두 찢어서 불태워버렸습니다. 그리고 부모님도 교회 못 나오게 막았습니다. 형의 마음을 충분히 이해할 수 있었지만, 부모님을 모실 여력이 못 되었던 저는 그냥 기도만 할 뿐, 다른 도리가 없었습니다. 그래서 못 나오시다가 몇 해가 지난 교회창립기념 주일에 형 몰래 오셨던 것입니다.

그런데 그날 목사님이 설교 중에 제 부모님을 말씀하시다가 울컥하면서 눈물을 보이셨습니다. 개척교회도 아니고 많은 성도가 있는 교회인데, 부모님이 항상 앉았던 자리! 이미 그 자리에 다른 성도가 앉아 있지만, 그래도 목사님은 늘 그 자리를 보면서 제 부모님을 생각하면서 기도하셨다고 말씀하시면서 목이 메어 한동안 말을 잇지 못하셨습니다. 저도 따라서 울컥했었지만 목사님의 마음을 그때는 제대로 알지 못했습니다. 저도 목사가 되고 늘 같은 자리에 앉아서 예배하던 분이 나오지 않고 그 자리를 비우니까, 이제야 그때 스승 목사님의 마음을 알 것 같습니다.

디도를 만난 바울은 그 기쁨을 하나님께 올려드립니다. 위로하시는 하나님께서 우리, 즉 바울의 일행을 위로하시기 위하여 기다리던 디도를 보내주셨다는 것입니다. 바울은 그것만으로도 많은 위로가 되었고 마음에 기쁨이 넘쳤습니다. 하지만 디도가 온 것은 큰 기쁨의 시작에 불과했습니다. 하나님은 디도를 통하여 엄청난 기쁨을 바울에게 주셨습니다. 디도가 돌아온 것뿐만 아니라 바울은 미처 기대하지 못했던 기쁜 소식을 가지고 왔던 것입니다.

디도가 고린도 교회 성도들에게서 위로를 받았는데, 그가 받은 위로에 디도만이 아닌 바울과 그 일행에 대한 위로도 있었다는 것입니다. 이러한 위로가 특히 기쁜 까닭이 있습니다.

바울이 편지를 통하여 고린도 교회의 성도들을 크게 나무랐기 때문입니다. 심하고 모질게 썼다고 했습니다. 그 글을 읽고 그들이 깨닫고 뉘우칠지, 아니면 오히려 반발하거나 상처받고 낙심할지 그 반응을 바울도 알 수 없었던 것입니다. 이러한 불확실성이 바울의 마음속에 큰 짐이 되어있었던 것입니다.

성도의 신앙생활에 문제가 있어서 목사가 권면할 때, 목사의 본심을 이해하지 못하고 오히려 목사의 말을 고깝게 듣고 반발하는 일이 많이 있습니다. 또는 목사를 인간적으로 오해하고, 낙심하기도 합니다. 그래서 교회만 떠나는 게 아니라 아예 신앙을 떠나버리는 불행한 일이 생기기도 합니다. 그런 일을 당하면 목사의 마음이 얼마나 찢어질까요?

목사와 성도의 관계만이 아니라 부모와 자식의 관계도 마찬가지입니다. 아무리 엄격한 부모라도 장성한 자녀에게는 말 한마디 하기가 조심스럽죠. 어쩌다 야단 한번 치고 나면 이 아이가 어떻게 받아들일까 걱정되어서 전전긍긍하기도 합니다. 사도 바울의 심정이 이와 같았던 것입니다. 그런데 디도는 고린도 교회의 성도들이 서로 사랑하며, 바울을 몹시 보고 싶어 하고 있다고 합니다. 심지어 바울에게 잘못한 일들을 뉘우치고 있다고 합니다. 바울을 생각하는 그들의 마음이 각별하다는 사실을 알게 되었습니다. 바울의 마음을 무겁게 짓눌러온 부담감은 모두 사라지고, 마치 하늘을 날 것과 같은 가벼운 마음이 되었습니다. 이로 인한 영적인 기쁨이 넘쳤을 것입니다.

이 책을 읽는 분들이 출석하는 교회에서 서로 사랑하고, 마음을 다하여 열심히 주님을 섬기고, 주님의 교회를 섬기며, 힘들고 아픈 사정들을 하나님 앞에 모두 내려놓으면, 위로의 하나님께서 사도 바울에게 디도를 보내 큰 기쁨을 주신 것과 같이 큰 기쁨의 선물을 주실 것입니다. 그 믿음으로 모든 환난을 물리치고 위로의 하나님이 주시는 평안과 은혜가 충만하기를 축복합니다.

아홉 번째 이야기

은혜를 예비하시는 하나님

반전을 준비하시는 하나님

혹독했던 IMF의 여진이 가라앉지 않고 있던 1999년 늦은 가을의 토요일 점심 무렵, 저는 망연자실한 표정으로 서초동 사거리의 버스정류장 옆 도로변에 서 있었습니다. 제 발밑, 앞과 옆과 뒤에는 채 정리되지 않은 사무실 이삿짐들이 널브러져 있었습니다. 크고 작은 서류상자들과 낡은 책상, 의자, 컴퓨터, 프린터, 기타 잡다한 사무용품들을 되는대로 쑤셔 담은 몇 개의 종이상자들...

그 해 봄, 저는 사업을 시작했습니다. 디자인 회사에서 감사의 직함을 가지고 자금 컨설팅을 하고 있었는데, 그 회사가 IMF의 직격탄을 맞았습니다. 워낙 건실한 기업이라 1년이 넘도록 버텼지만 결국 부도를 내고, 해외에 머물고 있던 대표이사가 돌아오기 어려운 상황이 되면서, 채무자들에게 도의적인 책임을 져야 했습니다. 그래서 아파트를 처분하고 월세 방으로 옮기면서 재학 중이던 신학대학원 학비는 고사하고 가족들과 먹고 살 길도 막막해졌습니다. 그런 상황에서 회사의 부도로 실업자가 된 직원들의 권유와 추대로 사업을 시작하게 되었던 것입니다. 물론 이제 그만 모든 것을 정리하고 목회의 길로 들어가라는 권면도 많이 받았습니다. 그러나 이렇게 빈털터리가 되어서 두들겨 맞고 돌아오는 모습으로는 목회하지 않겠다면서 하나님께 떼를 쓰는 기도를 했고, 하나님께서 그 기도를 받으셨다는 확신으로 사업을 시작했습니다.

사무실은 서초동 사거리 변에 있는 모 성씨의 종친회 건물이었습니다. 말이 서초동 번화가에 있는 빌딩이었지 사무실의 내부는 합판으로 칸막이를 하고 수성페인트를 칠한 곳인데, 그나마 세월이 많이 흘러 페인트는 다 벗겨지고 합판 벽의 구멍이 숭숭 뚫려서 옆 사무실이 들여다보일 정도로 조악한 모습이었습니다. 말이 사무실이지 마치 7,80년대 가리봉동 쪽방촌의 벌집보다도 못했습니다. 그런 열악한 상황에서 시작한 사업이지만 나름대로 열심히 뛰었습니다. 서울에서 부산까지, 마산과 창원을 거쳐 대구와 대전, 광주와 전주, 그리고 수도권, 거의 모든 백화점을 찾아갔습니다. 고속버스와 시외버스를 타고 다니며 그야말로 발로 뛰면서 영업을 했습니다. 그러나 IMF 이후에 우후죽순과 같이 난립한 다른 디자인 회사들과 비교할 때, 대표인 저 자신이 디자인의 실무에 대해서는 거의 문외한이었을 뿐 아니라 어느 조건에서도 다른 회사보다 나을 것이 없었기에 고전할 수밖에 없었습니다. 번번이 월세를 밀려서 몇 푼 안 되는 보증금은 다 날아가고 없었습니다. 결국 마지막까지 버티던 직원마저 떠나고 말았습니다.

그런데 그날 오후에 갤러리아백화점 디자인팀 과장의 전화를 받았습니다. 다음 해의 백화점 디자인 외부 용역업체를 선정하는 프레젠테이션에 참여하라는 전화였습니다. 서울과 수원, 대전에 있는 백화점의 디자인 용역을 할 3개 업체를 선발하기 위하여 5배수인 15개 업체를 불러서 공개경쟁을 시키라는 상부의 지시인데, 유력한 몇 개의 회사가 참여하니까 다른 회사들이 참여를 꺼린다는 것입니다. 들러리 서지 않겠다는 것이죠. 그래서 고민하다가 제 생각이 났는데, 솔직히 선정될 가능성은 전혀 없지만 참여만 해주면 반드시 작은 일감이라도 만들어주겠다고 합니다. 경쟁

하게 될 업체들은 일반인들이 들어도 알 수 있을 정도의 디자인 전문회사들까지 망라되어 있었습니다. 그 안에서 3등 안에 든다는 것은 사실 불가능한 일이었습니다. 그보다는 다윗이 골리앗을 이긴 것이 더 현실적인 일이었을 것입니다. 더구나 이제는 직원이 한 명도 없습니다. 저는 디자인을 잘 모릅니다. 그래도 미련이 남아서 단번에 거절하지 않고 하루만 생각해보겠다고 했습니다.

다음날 새벽예배를 드리고 묵상하는 중에 하나님의 만지심을 경험했습니다. 마치 귀에 대고 말씀하시듯 선명한 음성으로 말씀해주셨습니다. '해라. 내가 한다.' 자신감이 생겼습니다. 일반적인 상식으로 보면 근자감, 근거 없는 자신감이었죠. 그러나 하나님의 음성을 믿고 참여를 결정했습니다. 그런데 한화그룹 총무 팀에서 사무실에 실사를 나오기로 예정된 날짜를 불과 며칠 앞두고 뜻밖의 문제가 발생한 것입니다.

토요일 아침에 빌딩관리인들이 들이닥치더니 무조건 사무실을 빼라는 것이었습니다. 비록 월세는 제대로 못 냈어도 아주 친하게 지내왔는데 갑자기 태도를 바꾼 것입니다. 사전 고지도 전혀 없었기에 너무 황당했습니다. 하지만 월세를 못 낸 것은 사실이고 관리인들이 모두 당시 7,80세 전후의 종친회 노인들이라 별 도리가 없었습니다. 짐을 모두 길에 내어놓고 앞을 보고 뒤를 보고 하늘을 봐도 답이 나오지 않았습니다. 한숨만 나왔습니다. 그 거리에 서서 눈을 감고 기도했습니다.

"하나님, 사업을 시작할 때나, 이제까지 어려운 중에도 기도만 하면 저에게 확신의 마음을 주셨던 것은 도대체 무엇입니까? 분명히 하라고 하셨잖아요. 하나님께서 내가 한다고 말씀하셨잖아요. 제 신앙의 기본이 잘못되어있어서 잘못 받은 응답입니까? 이제 제가 어떻게 하면 되는지, 제발 좀 분명하게 알려주세요."

바로 그때 한 젊은 남자의 음성이 들렸습니다. "무슨 문제가 있으신가요?" 눈을 뜨고 돌아보니 생면부지의 젊은 남자가 말을 거는데 단정한 차림새에서 전형적인 대기업 직원의 티가 났습니다. 아무 일도 아니라고 체면을 세울 정황이 아니었습니다. 다급한 김에 간략하게 상황을 설명했습니다. 그러자 그 남자가 뜻밖의 말을 했습니다. 모 기업의 회계과에 근무하는데, 그 기업 소유의 오피스텔 하나가 소유권 분쟁으로 재판 중이라는 것입니다. 그래서 지금 비어 있는데, 당장 한 달 후에 판결이 날지, 서너 달 혹은 그보다 더 걸릴지 알 수 없지만, 그때까지라도 관리비만 내고 있지 않겠느냐는 것이었습니다. 마치 물에 빠졌다가 용왕을 만난 것 같은 기분이었습니다. 얼마든지 그렇게 하겠다고 하자 이 남자가 회사에 전화를 걸어 상급자에게 구두결제를 받고 저를 그곳으로 안

내했습니다. BC카드 본사 옆에 있는 지은 지 얼마 되지 않은 깨끗하고 넓고 고급스러운 오피스텔이었습니다. 당시 시세로 보증금 1,500만 원에 월세 100만 원을 받던 곳이었습니다.

그곳으로 짐을 옮겨놓고 나자 웃음이 나왔습니다. '하나님, 이렇게 좋은 곳을 주시려고 졸지에 내쫓기는 봉변을 당하게 만드셨나요? 정말 감사합니다.' 그렇게 기도했지만 그게 얼마나 감사한 일인지는 한화그룹 총무팀에서 실사를 다녀간 후에 알게 되었습니다. 실사 과정에서 사무환경이 가장 나쁜 세 개의 회사를 탈락시키기로 되어있었다는 것입니다. 그런데 오피스텔로 옮긴 덕에 그 안에 포함되지 않게 되었던 것입니다. 만약 허접스럽게 세운 칸막이 벽 너머로 옆 사무실이 훤히 드러나 보이던 그 종친회 건물 사무실에 그대로 머물러 있었다면 본선에도 못 가고 실사에서 탈락했을 것은 자명한 일이었던 것입니다.

실사를 잘 마치고 마음이 안정되자 비로소 큰 궁금증이 밀려왔습니다. 길을 지나던 그 남자가 왜 생면부지인 저에게 이렇게 큰 선심을 베풀었는지, 단지 하나님의 인도하심으로만 알고 있으면 되는지, 그것이 너무나도 궁금했습니다. 그래서 그에게 전화해서 물었습니다. 그의 대답이 뜻밖이었습니다. 저를 이미 잘 알고 있다는 것이었습니다. 그 오피스텔 문제로 그 거리를 드나들면서 종

종 식당에서 점심을 먹는데, 그때마다 건너편에서 제가 식사를 했답니다. 그런데 저의 식사 기도가 너무 간절하고 진지해서 참 신앙이 좋은 분이구나 하는 생각을 하고 있었다는 것입니다. 그러던 차에 길에서 짐더미를 늘어놓고 망연자실하게 서 있는 모습을 보게 되자 도무지 그냥 지나칠 수 없었다는 것입니다.

그분도 신실한 하나님의 자녀였던 것입니다. 식당에서 밥을 먹는 일이 극히 드물었던 때였기에 어쩌다 한 번씩 가는 식당에서, 하나님은 그때마다 저를 그에게 보이셨던 모양입니다. 하나님께서 이렇게 기막힌 반전을 미리 준비해 오셨던 것입니다.

하나님의 예비하심은 그것으로 끝나지 않았습니다. 업계에서 인정받고 있는 유명 디자인 회사의 재재하청을 받아서 작은 일 하나를 한 일이 있었는데, 그 회사의 대표가 저의 이야기를 전해 듣고 저를 불렀습니다. 그리고 프랑스 유학파인 자기 회사의 디자인 팀 과장을 조건 없이 파견해주었습니다. 제가 전도사라는 이유로 자원하여 도와주었던 것입니다. 그 덕에 그해 11월에 열린 갤러리아의 최종 프레젠테이션에서 2등을 차지했습니다. 그래서 수원 갤러리아 백화점 디스플레이 디자인 협력회사로 1년간 계약하고, 그 1년이 성공적으로 지난 후에 실시된 결산 평가에서 1등을 하고 압구정동에 있는 갤러리아 본점을 맡게 되었습니다. 이 일을 통하여 신세계 이마트, 삼성프라자, 까르푸 등 굴지의 유통업체들과 거래하게 되었습니다. 그래서 나갔던 직원들도 다시 불러들였습니다. 그들과 열심히 일한 결과 불과 4년 만에 부도난 회사보다 더 큰 회사를 만들었고, 하나님과의 약속대로 회사를 직원들에게 조건 없이 넘겨주고 본격적으로 목회를 시작하게 되었습니다.

선하신 하나님의 방법

저는 지금도 힘들 때마다 하나님께서 저를 위하여 예비해놓으셨던 서초동의 오피스텔을 생각합니다. 이제는 하나님의 예비하심을 알기에 어떤 고난도 참고 견딜 수 있습니다.

우리의 인생길을 예비하시는 하나님의 뜻은 기도를 통하여 구별할 수 있습니다. 간절히 기도하면 하나님께서 알려주십니다. 묵상 중에 말씀하실 때도 있고, 환상으로 보여 주실 때도 있고, 설교나 성경의 깨달음을 통하여 알게 하실 때도 있습니다. 그래도 어느 길로 가야 할지 도무지 알 수 없을 때는, 유익한 방법이 있습니다. 선한 길로 가는 것입니다. 응답을 분별할 수 없을 때는 그중에 더욱 선한 길에 답이 있습니다. 설사 틀려도 하나님께서 책임져주실 것입니다. 우리 하나님이 선하신 분이기 때문입니다.

어느 신학생이 공부를 모두 마치고 두 가지 중 하나의 길을 택하여야 할 때가 왔습니다. 그래서 간절히 기도하면서 하나님의 뜻을 물었습니다. 하나는 외국의 선교사로 나가 섬기는 길이고, 다른 하나는 국내에 남아 목회를 하는 것이었습니다. 아무리 기도해도 쉽게 결정을 내릴 수가 없어서 가르쳐주신 신학교 교수님을 찾아갔습니다. 제자의 고민을 들은 교수님이 이렇게 말씀해주셨습니다. "자네가 하나님의 영광을 위하여 기도하고 결정한다면 어떤 결정을 내리더라도 그것이 올바른 선택이 될 거네. 그러니까 그냥 마음에 끌리는 곳을 선택하게. 그게 바로 하나님의 뜻이라고 확신을 하면 거기서 하나님의 역사가 나타날 것일세."

성경의 아브라함, 야곱, 모세, 다윗, 베드로, 등등 우리가 믿음의 조상으로, 또는 믿음의 본으로 삼고 있는 이들 중에 순도 100%라고 할 수 있을 만큼 완벽한 순종의 삶을 살았던 사람은 아무도 없습니다. 삶의 과정에서 적지 않게 하나님의 뜻을 거슬렀죠 그럼에도 불구하고 결과적으로 성공적인 삶을 살았습니다. 위대한 신앙의 인물들도 크고 작은 실수들이 있었다는 말입니다 그러나 하나님은 이들을 통하여 당신의 뜻을 이루어내셨습니다.

하나님의 뜻이 이미 정해졌으면 결국 이루어질 테니 대충 하거나 잘못해도 된다는 의미가 아닙니다. 하나님은 당신이 택하신 인간들의 끊임없는 불순종에도 불구하고 가능하면 그들을 지키시고 선하게 이끌어주셔서 결국 당신의 뜻을 이루신다는 뜻입니다. 물론 아무리 해도 안 되면 사울 왕과 같이 버리기도 하십니다. 하나님은 변심한 사울을 버리고 대신 다윗을 택하시어 당신의 뜻을 이루셨습니다. 하나님은 반드시 예정하신 뜻을 이루시는 분입니다. 우리는 하나님의 뜻에 순종하는 삶을 살아야 합니다.

찬송하리로다 하나님 곧 우리 주 예수 그리스도의 아버지께서 그리스도 안에서 하늘에 속한 모든 신령한 복을 우리에게 주시되 곧 창세 전에 그리스도 안에서 우리를 택하사 우리로 사랑 안에서 그 앞에 거룩하고 흠이 없게 하시려고 그 기쁘신 뜻대로 우리를 예정하사 예수 그리스도로 말미암아 자기의 아들들이 되게 하셨으니 이는 그가 사랑하시는 자 안에서 우리에게 거저 주시는 바 그의 은혜의 영광을 찬송하게 하려는 것이라(에베소서 1:3~6)

하나님은 우리를 지극히 사랑하시는 분입니다. 그 증거가 에베소서에 잘 나타나고 있습니다. 하나님은 당신이 복 주시는 하나님이라고 말씀하십니다. 하늘에 속한 모든 신령한 복을 주신다고 말씀하십니다. 대충 한두 개 정도 주는 것이 아닙니다.

우리도 우리 자녀에게 그렇게 합니다. 사랑하는 내 새끼 입에 들어가는 것이 아까워서 뒤로 꿍쳐놓고 조금만 내놓는 부모는 세상에 많지 않을 것입니다. 하나님께서 우리에게 그러신다는 말씀입니다. 아낌없이 몽땅 다 주신다는 것입니다.

자녀에게 그러는 것은 당연하다고 했습니다. 그러니까 하나님이 우리를 자녀로 여기시는 게 확실합니다. 이렇게 말씀을 통하여 하나님이 우리를 자녀 삼으신 사실이 확인되고 있습니다. 더 놀라운 사실은 우리가 이미 창세전에 예비되고 선택된 하나님의 자녀라는 것입니다. 이 세상에 생명으로 잉태된 것만 해도 기쁜 일인데, 이미 세상이 만들어지기도 전에 하나님의 자녀로 예정되었다는 말씀입니다. 그런데 그것이 하나님의 기쁨이라고 하십니다.

우리를 향하신 하나님의 사랑!

그 사랑의 뿌리가 얼마나 크고 깊은지 깨닫고 감사할 수 있기를 바랍니다. 하나님은 당신이 지으신 천지 만물을 조화롭게 다스리기 위하여 모든 것들을 예정해놓으시고, 인간에게 허락하신 자유의지를 통한 우리의 유기적인 움직임 속에서도, 당신이 예정하신 대로 당신의 자녀들을 이끌어 가십니다.

고난이 찾아오면 나의 인생길이 하나님의 뜻에 맞게 오고 있었는지 점검해봐야 합니다. 그래서 나의 삶이 하나님께서 원하시는 행로에서 조금이라도 벗어나 있다면 신속하게 돌이켜야 합니다. 어떠한 희생이 따른다 할지라도 지체해서는 안 됩니다.

사도 바울은 우리에게 예정된 하나님의 구원하심을 찬양합니다. 그러나 반드시 전제되는 조건이 있습니다. '예수 그리스도 안에서!' 또는 '예수 그리스도로 말미암아'입니다. 하나님께서 우리를 자녀로 예정하시고 복을 주시며 은혜를 베푸시는 모든 구원 사역은 우리가 하나님의 독생자 예수 그리스도를 알고, 믿고, 그 안에 머물러 있을 때 가능하다는 말씀입니다.

왜 하나님의 구원 사역에 예수 그리스도가 필요했을까요? 하나님이 창세전에 우리를 자녀로 예정하셨지만 아담으로부터 시작된 우리의 죄와 우리의 내면에 깊이 박혀버린 죄의 본능으로는 하나님 앞에 설 수 없었습니다. 예수의 보혈로 깨끗해진 후에야 비로소 하나님 앞에 설 수 있게 된 것입니다. 예수의 보혈에 힘입어 하나님의 자녀로 인정받고 거룩한 주일에 주의 전에서 예배할 수 있는 것입니다. 하나님께서 창세전에 선택하고 예비하신 놀라운 은혜와 사랑을 마음 가운데 간직하고 순종해야합니다.

지금 하나님께서 예비하신 은혜 가운데 머물러 있습니까? 그렇지 않다면 기도하세요. 은혜의 손길을 구하세요. 성령님의 동행을 요청하고, 앞으로 주실 은혜를 기대하세요. 믿음으로 구하면 반드시 주십니다. 하나님께서 예비해놓으신 놀라운 은혜 가운데 머물며 영원한 기쁨을 누리시기를 축복합니다.

열 번째 이야기

의로우신 하나님

순종하지 않는 사람

한국교회의 많은 문제점 중의 하나가 부익부 빈익빈 현상입니다. 전도하기 어렵다는 말을 많이 하지만 큰 교회에는 스스로 나오는 성도들이 여전히 많습니다. 그래서 큰 교회는 더 커지고 작은 교회는 더 어려워지고 있습니다. 주일 아침이면 아파트 정문 앞에 즐비한 상가의 작은 교회에는 눈길 한번 안 주고, 대형교회로 향하는 자가용들이 장사진을 이룹니다. 작은 교회를 회피하는 이유는 많이 있습니다. 그러나 대부분 근거 없는 이유입니다.

그보다는 어느 교회의 시스템이 좋다거나, 프로그램이 좋다거나, 어느 교회 목사님의 설교가 좋다면서 이 교회 저 교회 옮겨 다니는 성도들의 자세가 이런 문제를 일으키는 주된 원인이라고 할 수 있습니다. 신앙의 성숙을 도모하여 참된 의와 진리의 길을 걸어가기보다는 시류를 좇아 철새처럼 옮겨 다니며 더 유명한 목사의 교회, 더 큰 교회를 외치는 성도들을 하나님이 기뻐하실까요?

한 사람이 순종하지 아니함으로 많은 사람이 죄인된 것 같이 한 사람이 순종하심으로 많은 사람이 의인이 되리라(로마서 5:19)

순종하지 않은 한 사람이 누구일까요? 하나님께서 직접 지으신 첫 사람 아담입니다. 그런데 아담이 순종하지 않았던 것은 아닙니다. 그도 순종했습니다. 그러나 불행하게도 순종의 대상을 잘못 택했던 것이죠. 자기를 만들어주고 온갖 복을 넘치게 주신 창조주 하나님께 순종한 것이 아니라, 자기의 갈비뼈로 만들어진 아내에게 순종했던 것입니다.

아담이 아내의 말에 순종하기 위하여 하나님의 명령을 어기고 선악과를 먹고 난 후에 이렇게 변명했습니다. "하나님이 주신 여자가 먹으라고 해서 먹었습니다." 이게 다 하나님 때문이라는 주장입니다. 세상에는 이렇게 실수하거나 실패한 일에 대하여 얼토

당토않은 핑계를 대며 억지를 부리는 사람들이 많이 있습니다.

하나님은 우리를 사랑하셔서 자유의지를 주셨습니다. 그러니까 우리는 우리 앞에 놓인 문제들에 대하여 자유롭게 결정할 수 있습니다. 그것은 하나님께서 주신 권리입니다. 하지만 만약 그것이 하나님의 말씀을 어긴 결정이라면 그 결과에 대한 책임은 전적으로 자신에게 있는 것입니다. 하나님께 책임을 나누어지자고 할 수 없습니다. 그 일에 관여했던 사람들에게 책임을 전가할 수 없습니다. 전적으로 자신의 책임입니다.

인류사에서 가장 심각한 문제는 아담의 죄의 결과가 당사자인 아담 한 사람의 일로 끝나지 않았다는 것입니다. 그의 모든 후손이 아담과 같은 죄의 본능을 갖게 되었고, 아담이 지은 죄의 대가를 치러야 했습니다. 이것을 원죄라고 합니다. 애초에 죄를 몰랐더라면 죄를 지을 일도 없었을 텐데, 아담과 하와 부부로 인하여 세상에 죄가 들어오면서 그의 후손들이 죄를 알게 되었습니다. 독버섯이 더 아름답게 보입니다. 죄의 유혹이 더 달콤합니다. 죄의 중독성은 매우 강력합니다. 죄를 죄로 판단하지 못하거나, 오히려 스스로 죄를 짓고 싶은 충동이 온 땅의 인류에게 퍼져나갔던 것입니다. 그 결과 죄로 물든 세상이 되고 만 것입니다.

여호와께서 사람의 죄악이 세상에 가득함과 그의 마음으로 생각하는 모든 계획이 항상 악할 뿐임을 보시고 땅 위에 사람 지으셨음을 한탄하사 마음에 근심하시고(창세기 6:5~6)

죄로 물들었던 세상은 이미 오래전에도 있었습니다. 그래서 홍수를 통한 벌을 내리시고, 의인 노아를 통하여 새롭게 인류의 역사를 시작하셨습니다. 하지만 죄는 노아의 후손들에 의해서도 여전히 세상에 퍼지게 됩니다. 노아는 의인이었습니다. 그런데 왜 그의 후손들에게 죄가 전해졌을까요? 노아도 아담의 후손이었기에 피할 수 없는 일이었습니다. 아담의 죄에서 비롯된 죄의 유전인자가 의인으로 인정받았던 노아에게도 잠재해 있었던 것이죠.

심리학자 칼 융은 이렇게 인간의 내면에 잠재되어있는 유전적 심리상태를 '무의식의 원형'이라고 정의합니다. 이를 적용하면 한국인에게 있어서 무의식의 원형은 우리 민족 고유의 정서인 '한(恨)'이라고 할 수 있습니다. 물론 이것은 심리학적 견해입니다. 하지만 이런 논리로 보면 모든 인류에게 있어서는 죄가 무의식의 원형이라고 할 수 있는 것입니다. 다만 노아는 자기의 의를 죽이고 철저하게 하나님께 순종했던 사람입니다. 그러기 때문에 내면에 잠재해 있는 죄의 유혹을 철저하게 차단하고 하나님께 인정받는 의인이 될 수 있었던 것입니다.

자기 의와 하나님의 의

여기서 하나님의 의를 따를 수 있는 두 가지의 방법을 알 수 있습니다. 하나는 자기의 의를 죽이는 것이고, 다른 하나는 하나님께 순종하여 하나님의 의를 따르는 것입니다. 이 두 가지의 방법을 가장 완벽하게 적용해낸 분이 예수 그리스도이십니다. 하나님께서 인류의 죄를 사하심으로 당신의 의를 나타내기 위하여 보내신 분이 바로 예수 그리스도이시죠. 그래서 누구든지 예수 그리스도의 십자가 보혈만 믿으면 죄 사함을 받을 수 있게 되었습니다.

그런데 예수의 보혈로 씻을 수 있는 죄는 이미 지은 죄입니다. 지은 죄를 용서받는 것입니다. 그러면 예수 믿는 것이 죄를 안 짓는 것은 아니라는 말씀인가요? 혹은 세상 속에서 여전히 죄짓고 살다가 교회 나와서 죄 씻음을 받으면 되는 것 아닌가요? 그것은 아닙니다. 우리가 예수를 믿는 궁극적 목적은 영원한 구원입니다. 구원의 조건을 충족하기 위하여 먼저 죄 사함을 받는 것이라면, 그 뒤로는 죄를 짓지 말아야 합니다.

하지만 자기도 모르게 죄를 지을 수 있습니다. 그럴 때, 혹은 인생의 외나무다리에서 불가피하게 죄를 지었을 때, 다시 진실한 마음으로 회개하여 주님의 보혈로 죄 씻음을 받고, 의로우신 예수 그리스도를 본받아 의롭게 살기 위하여 애써야 합니다.

구원은 회개와 변화의 삶이 함께 이루어질 때 가능한 것입니다. 예수 믿는 사람은 죄짓지 않고 살기 위하여 최선을 다하여 노력해야 한다는 것입니다. 그것이 바로 하나님의 의인 공평과 정의를 이루기 위하여 노력하는 것입니다. 그것이 이 세상에서 바르게 의를 행하는 길입니다.

많은 성도들이 이러한 삶을 살기 위하여 노력합니다. 그러나 모두 이러한 삶을 살 수 있는 것은 아닙니다. 현실적으로 많은 성도들이 의를 행하는 삶을 살지 못합니다. 실패합니다.

그 이유가 무엇일까요? 자기 의를 죽이고 하나님께 순종해야 하는데 그러지 않기 때문입니다. 자기 의를 죽이지 않고 하나님께 순종하지 않기 때문입니다. 그 이유는 자기의 의와 하나님의 의를 동일시하기 때문입니다. 자기의 의가 온전하다고 생각하기 때문입니다. '나는 항상 바르게 산다! 이 세상 누구라도 나 같이만 살면 법 없이도 사는 세상이 올 수 있다. 누구라도 나 같이만 살면 예수 안 믿어도 얼마든지 천국 갈 수 있다!' 이것이 구원의 기회를 잃게 만드는 엄청난 착각이라는 사실을 깨닫기 전에는 누구라도 하나님의 의에 이를 수 없습니다.

여호와여 나의 원수들로 말미암아 주의 의로 나를 인도하시고 주의 길을 내 목전에 곧게 하소서(시편 5:8)

다윗의 간절한 호소입니다. 다윗은 하나님 앞에서 온전한 사람이었습니다. 물론 완벽하지는 않았습니다. 그래도 세상 사람들의 평균치보다는 아주 높은 수준의 의를 지니고 살았던 사람입니다. 그러나 그는 어린아이가 부모의 손을 잡으려고 하듯 매우 간절하게 하나님의 인도하심을 바라고 있습니다. 하나님께서 자신의 길을 인도하실 때, 그 길은 안전하다는 사실을 알고 있기 때문입니다. 주의 의로운 길로 나를 인도해달라는 말은 나의 의를 드러내지 않겠다는 말과 같은 의미입니다. 하나님의 인도하심을 받을 때 가장 중요한 문제는 주의 의로 나의 의를 죽여야 한다는 것입니다. 오직 주의 의로만 살아야 한다는 것입니다.

물에 빠진 사람을 구조할 때 가장 조심해야 할 일은 그에게 잡히지 않는 것입니다. 물에 빠진 사람에게 잡히면 구조는 고사하고 함께 죽게 될 확률이 매우 높아집니다. 그러니까 물에 빠진 사람은 구조하러 온 사람을 잡지 말고 자기 몸의 힘을 빼야 합니다. 구조자에게 자기를 온전히 맡겨야 합니다. 그래야 둘 다 살아날 가능성이 커집니다.

일반 미용실에서는 누운 채로 샴푸를 받습니다. 이때 머리에 힘이 들어가면 미용사가 아주 힘들어합니다. 힘을 빼야 합니다. 마찬가지입니다. 길은 길을 인도하는 분에게 온전히 맡겨야 합니다. 운전할 때 제가 알아서 가는데 옆에서 자꾸 뭐라고 하면 집중할 수 없습니다. 사회생활도 마찬가지입니다. 인도자가 있으면 인도자를 믿고 맡겨야 합니다. 인도자가 실수할 때도 있는데 고의가 아니라면 이해하고 따라주어야 합니다.

오래전에 누나 부부와 함께 부모님을 모신 안성 추모공원에 갔습니다. 매형이 앞차를 운전하고 제가 뒤를 따랐습니다. 올림픽도로에서 중부고속도로를 타기로 했는데, 가다가 청담대교에서 분당으로 올라갑니다. 길을 잘못 들었던 것이죠. 그 당시 매형은 운전의 왕초보였습니다. 그날 무려 세 번이나 길을 틀렸습니다. 그래서 시간도 많이 지체되었습니다. 저 역시 길치이지만, 저의 집과 사업장이 분당에 있었고, 거래하던 백화점들이 거의 강남에 밀집되어 있었기 때문에 그 길만큼은 조금 과장하면 눈 감고도 갈 수 있는 길이었습니다.

생각해보세요. 나는 목적지까지 가는 길을 압니다. 그런데 선행 차량이 몰라서 자꾸 틀리니까 내가 먼저 목적지에 가서 기다려야 할까요? 그래야 한다고 생각하는 사람들이 많이 있을 것입니다.

그러나 그것은 잘못된 생각입니다. 조금 틀려서 돌더라도 그 뒤를 따라가 주는 게 맞는 것입니다. 그것이 인도자를 세워주는 일이고, 인도자에 대한 도리이기 때문입니다. 나 잘났다고 대열을 이탈하면 결국 더 큰 혼선을 빚게 될 것이 틀림없습니다.

그래서 옛 어른들의 말에 사공이 많으면 배가 산으로 간다고 한 모양입니다. 이렇게 대의를 따르지 않고 자기 생각으로 판단하고 그것을 고집하는 것이 바로 자기 의가 강한 사람의 특징입니다.

나를 의로우신 주의 의로 인도해달라는 다윗의 기도가 바로 지금 필요한 것이 그런 이유입니다. 그러면 인생에 가시밭길이 계속되리라는 염려를 하지 않아도 됩니다. 주의 길은 곧고 평탄하기 때문입니다. 지금 당장 더 큰 어려움에 직면한다고 해도, 이 길만 건너면 드넓은 초장이 눈앞에 펼쳐질 것을 믿어야 합니다. 그 믿음으로 주님의 의를 따라야 합니다. 거듭 분명한 사실은 누구든지 자기의 의로는 결코 의인이 될 수 없다는 것입니다.

예레미야가 말하는 하나님

예레미야는 유다 왕국의 마지막 다섯 왕, 즉 주전 627년경 요시야 왕으로부터 여호아하스, 여호야김, 여호야긴을 거쳐 유다의 마지막 왕인 시드기야 왕의 시대까지 활동했던 선지자입니다. 예레미야는 범죄한 나라인 유다에 대한 하나님의 심판을 예언했고, 또

한 그의 예언이 바로 그의 시대에 이루어지는 것을 보면서 민족의 회복을 위하여 애쓰다가 순교한 비운의 선지자입니다.

그는 하나님의 징벌에 의한 유다의 멸망을 예언했습니다. 하지만 다른 한편으로는 하나님께서 다시 회복시키실 것이라는 믿음 가운데 소망과 위로의 메시지를 선포했습니다. 예레미야서는 이러한 역사적 배경 가운데 선포된 말씀이기에 하나님의 권위를 잘 나타내고 있습니다.

예레미야서에 기록된 하나님은 생수의 근원이십니다.

내 백성이 두 가지 악을 행하였나니 곧 그들이 생수의 근원되는 나를 버린 것과 스스로 웅덩이를 판 것인데 그것은 그 물을 가두지 못할 터진 웅덩이들이니라(예레미야 2:13)

예레미야서에 기록된 하나님은 토기장이와 같은 분이십니다.

여호와의 말씀이니라 이스라엘 족속아 이 토기장이가 하는 것 같이 내가 능히 너희에게 행하지 못하겠느냐 이스라엘 족속아 진흙이 토기장이의 손에 있음 같이 너희가 내 손에 있느니라(예레미야 18:6)

토기장이에 의하여 만들어진 토기와 같은 우리를 다스리는 주권을 가지고 계신 분이 여호와 하나님이라는 말씀입니다. 더 나아가 하나님은 만물의 창조주이신 것을 선포하고 있습니다.

여호와께서 그의 권능으로 땅을 지으셨고 그의 지혜로 세계를 세우셨고 그의 명철로 하늘을 펴셨으며(예레미야 10:12)

바로 그 하나님이 우리의 삶에 꼭 필요한 생수의 근원이십니다. 바로 그 하나님이 우리의 생사화복을 주장하는 토기장이이십니다. 천지 만물의 창조자이신 하나님께서 예레미야를 통하여 말씀하시는 것입니다.

여호와의 말씀이니라 보라 때가 이르리니 내가 다윗에게 한 의로운 가지를 일으킬 것이라 그가 왕이 되어 지혜롭게 다스리며 세상에서 정의와 공의를 행할 것이며 그의 날에 유다는 구원을 받겠고 이스라엘은 평안히 살 것이며 그의 이름은 여호와 우리의 공의라 일컬음을 받으리라(예레미야 23:5~6)

이미 죄악으로 돌이킬 수 없는 멸망의 길을 걷게 된 유다와 이스라엘입니다. 그러나 때가 이르면 다윗에게 한 의로운 가지를 일으킬 것이라고 말씀하십니다. 너희가 죄악으로 징계를 받았지만 아주 멸망하지 않고 다시 소생하리라는 소망의 말씀이며, 동시에 다윗의 의로운 가지, 즉 메시아의 오심을 예언하는 말씀입니다.

여기서 의로운 가지는 장차 오실 예수 그리스도를 은유적으로 표현한 것입니다. 예수 그리스도는 삼위일체 하나님의 한 분인 성자 하나님입니다. 하지만 육체적으로는 다윗의 혈통에 의하여 사람의 몸으로 오실 것이라는 사실이 예언되고 있는 것입니다. 그래서 이 땅에 오신 예수님께서 공생애 기간에도 다윗의 후손으로 불리고 있는 것을 복음서에서 볼 수 있습니다.

맹인 두 사람이 길 가에 앉았다가 예수께서 지나가신다 함을 듣고 소리 질러 이르되 주여 우리를 불쌍히 여기소서 다윗의 자손이여 하니 무리가 꾸짖어 잠잠하라 하되 더욱 소리 질러 이르되 주여 우리를 불쌍히 여기소서 다윗의 자손이여 하는지라(마태복음 20:30~31)

"주여! 다윗의 자손이여!" 예수님이 맹인들의 부름에 응하셨습니다. 그들의 눈을 고쳐주셨습니다. 당신이 다윗의 자손으로 불리는 것을 당연하게 여기시는 것입니다. 왜 그렇습니까? 이미 구약의 말씀에서 메시아가 다윗의 자손으로 오실 것이 예언되어 있었기 때문입니다. 그리고 그것을 이루신 분이 바로 예수님 자신이었기 때문입니다. 다윗의 자손, 다윗으로부터 일어난 의로운 가지인 예수 그리스도이시기 때문입니다.

공의로우신 하나님

예레미야도 이사야와 같이 예수 그리스도를 예언한 선지자입니다. 오늘 우리가 예수 그리스도께서 재림하실 때를 알 수 없듯이, 예레미야 시대에도 메시아가 오실 그때가 언제인지 정확하게 아는 사람은 아무도 없었습니다. 그러나 이러한 선지자들의 예언으로 장차 오실 메시아에 대한 분명한 소망이 유다와 이스라엘 백성들에게 생길 수 있었던 것입니다. 그들이 그 소망을 붙잡고 포로 생활을 견딜 수 있었던 것입니다. 그리고 마침내 70년간의 포로 생활을 마치고 예루살렘으로 돌아올 수 있었습니다. 많은 백성이 힘을 합하여 무너진 예루살렘 성을 재건할 수 있었습니다. 이들이 소망의 끈을 놓지 않은 결과입니다.

이렇게 하나님께서 주신 소망은 우리에게 무한한 힘을 줍니다. 소망 자체가 바로 하나님이기 때문입니다. 우리도 하나님께서 주시는 소망을 품고 그 소망을 이루기 위하여 더욱 정진한다면, 하나님의 인도하심으로 반드시 소망을 이루는 기쁨을 누리게 될 것입니다. 우리가 죄악에 빠지지 않고, 사탄의 꼬임에 넘어가지 않고, 한마음으로 하나님의 말씀을 섬기며, 우리 주 예수 그리스도를 믿는 믿음의 경주에서 낙오하지 않는다면! 그러면 하나님께서 반드시 그렇게 해 주실 것입니다. 하나님은 당신의 자녀들에게 공의로운 하나님이시기 때문입니다.

여호와는 '우리의 의'가 되시기 때문입니다. '의'는 하나님의 속성입니다. 성자 예수 그리스도와 성부이신 여호와 하나님! 하나님의 지혜로 공평과 정의를 이루시는 분! 우리 주 예수 그리스도께서 다윗의 자손으로 오시는 날 유다는 구원을 얻고 이스라엘은 평안하게 되리라는 말씀입니다.

여기서 말하는 유다와 이스라엘을 영적으로 보면 예수 그리스도를 주로 영접하고 그의 백성이 되어 하나님의 자녀로 살아가는 이 땅의 모든 성도들, 바로 우리들입니다. 우리에게 약속하신 구원과 평안의 삶! 예수 그리스도를 왕으로 세우시고 그분을 통하여 우리에게 이런 복을 주시는 분이 바로 하나님이라는 말씀입니다.

예수 그리스도께서 오셔서 공평과 정의로 우리를 구원하시고 평안을 주실 그 날! 그때가 오면 여호와께서 우리의 의가 되신다는 사실을 알게 될 것이라는 말씀입니다. '의'를 더 구체적으로 표현한 말씀이 "공평과 정의"입니다. 이것은 아주 중요한 하나님의 속성이며, 당연히 우리 안에 존재하는 하나님의 성품입니다.

그런데 오늘날 이 땅에서 하나님의 속성이 잘 적용되고 있습니까? 하나님으로부터 당신의 형상으로 지음을 받은 이 땅의 인간들이 자기 안에 하나님의 형상이 있음을 알고 그 귀한 속성을 잘 사용하고 있습니까? 안타깝지만 그러지 못한 것이 오늘의 현실입니다. 심지어 하나님께서 주신 그 귀한 속성을 악하게 사용하는 일이 얼마나 많은지 모릅니다.

하나님을 알지 못할 때, 인간에게 있는 하나님의 속성은 세상을 어지럽히고 망하게 만드는 사탄의 도구로 전락해버리는 것입니다. 그래서 권력 잡은 자가 불의를 행하여 개인의 영혼이 훼손되거나, 사탄의 끊임없는 공격으로 삶의 균형이 무너져서 심한 영적 위기를 느낄 때, 우리는 의의 하나님을 통하여 영혼의 치유와 회복을 바랄 수 있는 것입니다.

우리가 단순한 혼의 즐거움에 머무르며 만족하지 않고, 세상의 편견과 불의를 용납하지 않고, 만물의 이치를 하나님의 말씀에 비추어 판단한다면, 그러면 당장 힘들고 어려울지라도 이 땅에 공평과 정의가 살아 있는 하나님의 나라가 세워질 것입니다.

열한 번째 이야기

평화의 왕이신 하나님

평화를 위한 노력

남존여비라는 사자성어가 있습니다. 한자의 의미를 풀어보면 남자는 높고 여자는 낮다는 뜻입니다. 아내는 남편 알기를 하늘 같이 알아야 한다는 의미죠. 그런데 그 의미가 바뀌었답니다. '남자는 여자의 비위를 맞추기 위해서 존재한다.' 가정의 평화를 위하여, 화목한 가정을 이끌기 위하여 가장인 남자가 그만큼 애쓰고 희생해야 한다는 의미로 생긴 이야기인 것 같습니다.

평화는 절대로 그냥 찾아오는 것이 아닙니다. 자아를 죽이는 노력을 해야 하고, 때에 따라서는 필요한 대가를 지급해야 합니다.

그렇다면 영적인 평화를 위해서는 어떤 노력이 필요할까요? 평안 평강, 평화, 화평! 사전적으로 조금씩 의미가 다릅니다. 그러나 성경에서는 이 단어들이 거의 같은 의미로 사용되고 있습니다. 전쟁의 반대개념인데, 전쟁이라고 해서 꼭 나라 간에 총칼 들고 싸우는 것만을 말하는 것은 아닙니다. 쉬운 예로 같은 공동체 안에서 갈등을 겪고 있는 관계, 또는 명백한 적대관계에 있는 상대와 겪는 모든 일을 전쟁이라고 말할 수 있습니다.

동서지간의 미묘한 신경전이나, 고부간의 갈등, 파국으로 치닫는 부부관계 등등, 작게는 몇몇 사람이 모이는 동아리에서부터 크게는 이익단체, 또는 국가기관에 이르기까지 내부적인 파벌 간의 암투 등, 온전한 조화를 이루지 못하고 서로 대립하는 관계를 말하는 것입니다. 그러니까 그 반대의 개념인 평화는 완전한 조화를 이루어서 하나가 되었다는 의미입니다. 우리에게 이러한 덕목이 더욱 중요한 까닭이 있습니다. 그것이 바로 하나님께서 우리에게 주신 고귀한 당신의 속성이기 때문입니다.

우리가 하나님과 내적 조화를 잘 이루어서 하나님과의 하나됨이 이루어질 때, 다시 말해서 우리가 하나님의 살아계심을 인정하고, 하나님께서 내 안에 계신 것을 고백하고, 우리의 성품이 하나님을 닮아가게 될 때, 당연히 세상에서 만나는 사람들과의 관계도 원만해질 수 있는 것입니다. 하나님의 평강 안에 있으면 화평의 사람이 될 수 있다는 말씀입니다. 이렇게 평화, 평강, 화평, 평안 등 여러 가지로 번역하여 사용하고 있는 단어가 신약에서는 헬라어 "에이레네"입니다.

신약성경에 이 단어가 무려 92번이나 나오고 있습니다. 요한일서를 제외한 신약의 모든 책에 이 단어가 한 번 이상 사용되고 있습니다. 그런데 많은 사람이 이 단어를 잘 알지 못합니다. 같은 의미를 지닌 히브리어, 즉 구약의 단어에 너무 익숙한 까닭입니다. 헬라어로 '에이레네'인 평화, 평강, 화평, 평안을 의미하는 구약의 단어, 즉 히브리어가 바로 '샬롬'입니다.

기드온이 여호와를 위하여 거기서 제단을 쌓고 그것을 여호와 샬롬이라 하였더라 그것이 오늘까지 아비에셀 사람에게 속한 오브라에 있더라(사사기 6:24)

신앙생활을 하면서 가장 많이 듣는 말 중의 하나가 '여호와 샬롬'입니다. 여러분의 삶이 늘 화평하며 평안하시길 축복합니다.

온전한 사람을 살피고 정직한 자를 볼지어다 모든 화평한 자의 미래는 평안이로다(시편 37:37)

세상살이에는 무엇보다도 마음 편한 것이 최고입니다. 사사기 6장을 보면 기드온이 여호와의 사자를 보고 크게 낙담했습니다. 구약시대의 사람들은 여호와를 대면하면 죽는다고 생각했기 때문입니다. 모세와 이사야가 처음 하나님을 만나는 장면을 보세요.

또 이르시되 나는 네 조상의 하나님이니 아브라함의 하나님, 이삭의 하나님, 야곱의 하나님이니라 모세가 하나님 뵈옵기를 두려워하여 얼굴을 가리매(출애굽기 3:6)

그 때에 내가 말하되 화로다 나여 망하게 되었도다 나는 입술이 부정한 사람이요 나는 입술이 부정한 백성 중에 거주하면서 만군의 여호와이신 왕을 뵈었음이로다 하였더라(이사야 6:5)

왜 하나님을 보면 죽는다고 생각했을까요? 영적인 두려움 때문입니다. 죄를 범한 아담 이후 하나님과 인간 사이의 영적 부조화가 해결되지 않고 있었기 때문입니다. 하나님의 명령을 어기고 선악과를 먹은 아담과 하와가 죄를 범한 후에 하나님을 처음 만났을 때 어떻게 하는지 보세요.

그들이 그 날 바람이 불 때 동산에 거니시는 여호와 하나님의 소리를 듣고 아담과 그의 아내가 여호와 하나님의 낯을 피하여 동산 나무 사이에 숨은지라 여호와 하나님이 아담을 부르시며 그에게 이르시되 네가 어디 있느냐 이르되 내가 동산에서 하나님의 소리를 듣고 내가 벗었으므로 두려워하여 숨었나이다(창세기 3:8~10)

벗었으므로 두려워한다는 말은 죄를 지었기에 하나님의 얼굴을 바로 볼 수 없다는 말입니다. 죄를 짓기 전에는 하나님을 보는 일이 아무것도 아니었습니다. 죄를 지었기에 하나님 보기가 두려워졌던 것입니다. 그런 감정이 죄로 인하여 인간에게 들어오게 된 것이죠. 그들의 죄가 스스로 하나님과의 화목을 깨뜨리고 스스로 화평하지 못한 자로 만들고 말았던 것입니다.

구약의 사람들이 이러한 영적 상태에 있었기에 어쩔 수 없는 죄인이었고, 그 죄의 문제를 해결해주기 위하여 하나님께서 독생자 예수 그리스도를 이 땅에 보내주셨던 것입니다. 예수 그리스도의 십자가 보혈로 우리의 죄를 씻고 하나님과 조화를 이룰 수 있게 되었다는 것이 복음의 원리입니다. 그러나 예수를 모르는 사람은 여전히 하나님 앞에서 영적 두려움에 사로잡힐 수밖에 없습니다.

여호와 살롬

기드온은 여호와의 사자를 미처 몰라본 상태에서 미디안의 압제로 고통당하는 이스라엘을 구하라는 명령을 받았습니다. 그가 하라는 대로 열심히 시중을 들었습니다. 여호와의 사자가 사라졌을 때에서야 비로소 그가 여호와의 사자인 것을 깨닫게 되었습니다. 그리고는 두려움에 낙심하고 말았습니다. 여호와의 사자를 직접 봤으니 이제 죽은 목숨이라고 생각했습니다. 그때 여호와 하나님께서 직접 그를 위로해주십니다. 죽지 않을 테니 안심하라고 말씀하십니다. 그 말씀을 들은 기드온이 평강을 찾은 후에 하나님께 제사 드리면서 그곳을 여호와 살롬이라고 불렀던 것입니다.

하나님은 모세도 대면하셨고, 이사야도 대면하셨습니다. 하지만 그들 중에 아무도 죽이지 않으셨습니다. 오히려 그들을 당신의 능력으로 세워주셨습니다. 그리고 당신의 특별한 종으로 삼아 그들을 통하여 당신의 일을 이루셨습니다.

우리에게도 필요한 것은 하나님과의 평강, 즉 평화입니다. 교회에 다녀도 믿음의 확신이 없거나 아직 믿음의 지식이 부족할 때에는 믿지 않는 가족들과 제사를 지내기도 하고 명절에 차례를 지내기도 합니다. 아무런 죄의식 없이 제사상 앞에 넙죽 엎드리고, 고사 지내는 곳에서 돼지 입에 지폐를 찔러 넣기도 합니다. 아무리 예수를 믿어도 내 조상을 섬기는 것이 당연한 도리이지 그것이 어떻게 죄가 되냐고 주장합니다. 그것은 기독교 교리가 잘못된 것이라면서 오히려 당당하기까지 합니다. 영적으로 무지하기에 아무리 설명해도 알아듣지 못하고 어떤 깨달음도 없는 것입니다.

그런 상태라면 죄도 느낄 수 없는 것이죠. 그런데 믿음이 생기고, 또 신앙적인 지식이 쌓이면 조상 제사가 영적으로 큰 죄라는 사실을 알게 되었다면 곧바로 결단을 내리고 그렇게 불신앙적인 행위에서 벗어나기 위하여 노력해야 합니다.

하지만 예수 안 믿는 아버지의 불호령이 두려워서, 예수 안 믿는 형제들과의 갈등을 피하기 위하여 어쩔수 없다는 이유로 제사상 앞에서 절하는 성도들이 많이 있습니다. 나는 절을 안 하지만 내 아이들은 아직 어리니까 장성하여 스스로 판단할 분별력이 생길 때까지는 괜찮을 것이라는 생각으로 사촌들과 어울려 절하게 놔두는 이들도 있습니다. 그러면 일단 겉으로는 화평하게 될 것입니다. 예수 안 믿는 부모 형제들과의 평화는 유지될 수 있습니다. 표면적으로는 종교적인 갈등을 없앨 수 있을 것입니다.

유사 크리스천

그러면 그것이 과연 진정한 샬롬입니까? 만약에 그런 행동을 하는 사람에게 신앙이 있다면 마음이 몹시 불편해야 합니다. 내가 크리스천인데, 제사를 지내고, 개업 집에 가서 돼지머리 앞에 절을 하고도 아무런 느낌이 없다면! 그는 교회에서 어떤 중직자의 직분을 가지고 있다고 하더라도 아직 구원의 반열에 오르지 못한 유사 크리스천일 뿐입니다. 크리스천인 것같이 보이지만 사실은 아니라는 말씀입니다. 마치 자기도 크리스천인 것처럼, 예수를 믿는 하나님의 자녀인 것처럼 흉내만 내는 사람입니다.

우상에게 절하는 것은 정죄의 대상입니다. 하지만 그것보다 더 큰 문제가 있습니다. 그런 행동을 하면서도 하나님 앞에 죄책감을 느낀다거나 영적 두려움이 없는 것입니다. 그렇다면 그런 사람은 아직 하나님의 자녀라고 말할 수 없는 것입니다.

간단하게 생각해보세요. 자식이 아버지가 원하는 일은 하지 않고 오히려 원하지 않는 짓을 했습니다. 그러면 당연히 아버지 보기가 두렵고 마음이 찜찜해야 합니다. 그런데 마음이 태평하다면 심각한 문제인 것이죠. 진정한 자식이라면 얼굴을 들고 아버지 앞에 설 수 없는 것입니다.

우리가 평소 예사롭게 하는 일들 중에서, 하나님이 우리에게 바라시지 않는 일들이 많이 있습니다. 참된 평화는 하나님께서 우리에게 바라시지 않는 모든 행위를 믿음으로 결단하여 단절하고 극복하는 데에서 출발합니다. 그래서 하나님께서 바라시는 일들을 이루고, 성령님께서 주시는 충만한 기쁨 속에 머물면서, 하나님을 편하게 대면할 수 있는 상태가 진정한 평화인 것입니다. 친구가 싫어하는 일을 골라 하면서 친구 하자고 할 수는 없는 것이죠.

끝으로 형제들아 무엇에든지 참되며 무엇에든지 경건하며 무엇에든지 옳으며 무엇에든지 정결하며 무엇에든지 사랑받을 만하며 무엇에든지 칭찬받을 만하며 무슨 덕이 있든지 무슨 기림이 있든지 이것들을 생각하라 너희는 내게 배우고 받고 듣고 본 바를 행하라 그리하면 평강의 하나님이 너희와 함께 계시리라(빌립보서 4:8~9)

사도 바울은 우리의 신앙적인 삶 가운데 하나님께서 우리에게 바라시는 온전한 삶의 모습을 갖추기 위한 여러 가지 덕목을 제시하면서 그것들을 생각하라고 합니다. 그리고 다시 그것들을 행하라고 합니다. 그러면 평화의 하나님께서 당신의 거룩한 성품인 평화로 우리와 함께 계시겠다는 약속입니다. 우리의 삶을 평화롭게 해주시겠다는 약속입니다. 이러한 덕목들에서 벗어나는 것들은 생각에서도 버리라는 말씀입니다.

하지만 거짓이 난무하는 세상에 살면서 참된 것, 진리만을 생각하는 일이 얼마나 어렵습니까? 크리스천들이 현실에서 부딪히는 문제는 한두 가지가 아닙니다. 그러니까 먼저 내면에 있는 진리밖의 것들을 버리는 연습을 해야 합니다. 좋은 습관을 갖기 어려우면 먼저 나쁜 습관을 버리는 것도 진리를 추구하는 좋은 방법입니다. 그것도 하나님께서 주신 지혜입니다. 하나님은 진리를 알면 바로 그 진리가 우리를 자유롭게 해준다고 말씀하셨습니다.

화평하게 하는 자의 복

거짓된 세상에서 진실하게 살려고 하면 힘이 더 들 수밖에 없을 것 같습니다. 손해보는 일도 많고, 곤란한 일도 많이 생길 것 같습니다. 하지만 그 반대입니다. 자유는 화평한 자들이 누릴 수 있는 권리입니다. 평화의 길로 들어서기 위해서는 넘어야 할 산이 많이 있는 것 같지만 오히려 그렇지 않습니다. 누구든지 진리를 알고 진리의 편에 서기만 한다면 그 순간 모든 족쇄, 거짓과 더러움과 불경건함과 미움과 갈등에서 벗어날 수 있습니다.

예수님은 산상수훈을 통하여 팔복의 말씀을 하시면서 화평하게 하는 자의 복에 대하여 알려주셨습니다. 그것은 하나님의 아들이라 일컬음을 받는 것입니다. 화평이 하나님과의 조화, 영적 일치의 결과로 얻어지는 것이기 때문에 그런 성도를 하나님께서 자녀로 인정하시고 화평하게 하는 자의 복을 누리게 하십니다.

진정한 화평은 주님의 말씀 안에서 도덕적인 선을 이룰 때 가능합니다. 도덕적인 선을 의미하는 단어가 '경건'입니다. 주의 자녀는 경건한 인품을 가져야합니다. 이것도 훈련이 필요합니다. 신앙은 훈련입니다. 그러나 세상의 어떤 훈련보다 노력의 성과가 크고, 영생이라는 놀라운 열매를 맺을 수 있는 유익한 훈련입니다.

존. H. 빈센트 목사는 자신이 쓴 글을 매일 아침 반복해서 읽으며 스스로 경건의 훈련을 해왔다고 합니다.

나는 오늘 소박하고 진지하며 침착한 삶을 살려고 노력할 것이다. 불평이나 불건전한 생각, 자기중심의 생각을 즉시 물리치며, 위로와 너그러움과 자비와 거룩한 침묵을 연마하고, 소비를 줄이고 절약하며, 대화는 늘 신중하고, 정해진 일은 부지런히 할 것이다. 모든 책임에 충실하고, 하나님께 대한 순수한 믿음을 훈련할 것이다.

그뿐 아니라 옳은 마음을 갖기 위해서는 옳지 않은 마음을 갖게 만드는 것들을 버려야 합니다. 여기서 옳은 마음의 기준은 개인과 하나님의 관계입니다. 하나님 앞에서 불의한 마음을 품지 말라는 말씀입니다. 옳은 것은 경건한 것과 함께 불의한 것의 대적이 됩니다. 참된 것도 옳은 것, 경건한 것과 같은 짝을 이루는 유익한 덕목입니다. 모두 하나님께서 기뻐하시고 선하게 여기시는 것들입니다. 이런 것만 생각하라는 말씀입니다. 이렇지 않은 것들은 생각하지 말라고 하시면서 생각한 것들을 행하라고 하십니다. 배운 것들과 받은 것들을 그대로 행동에 옮기라는 것입니다.

그런데 빌립보교회 교인들이 사도 바울로부터 배우고 받고 듣고 본 것이 한둘이겠습니까? 신앙의 스승이기 때문에 일일이 열거하기 힘들 정도로 많은 것을 배우고 받았을 것입니다. 그러나 그 범위를 축소하면 위에 기록되어있는 말씀으로 요약할 수 있는 것입니다. 참되고, 경건하고, 옳고, 정결하며, 사랑받을 만하고 칭찬받을 만한 것들! 바로 그런 일을 행하라는 말씀입니다.

영적인 두려움과 소망

이 땅의 모든 성도가 이대로 행할 수만 있다면 얼마나 좋겠습니까? 이 땅에 주의 나라가 당장이라도 임할 수 있을 것입니다. 그러나 현실은 그렇지 않습니다. 교회 안에 사랑이 없고, 교회 안에 온유가 없고, 교회 안에 참된 것과 경건한 것이 없는 시대입니다. 교회 안에서조차 천박하고 싼 티 나는 일들이 횡행하고 있는 것이 오늘의 모습입니다.

이로 인한 두려움이 저에게 있습니다. 교회 안에서 이런 모습들을 볼 때마다, 강퍅하고 천박한 사람들을 볼 때마다 느끼는 두려움입니다. 죄가 해결되지 않은 탓에 하나님과의 부조화로 인해 느끼는 영적 두려움과는 전혀 다른 의미의 영적 두려움입니다. 다른 사람들의 눈에 나도 저런 모습으로 비추어지고 있는 것이 아닐까 하는 마음에서 오는 두려움입니다. 나도 사랑 없이 강퍅하고, 온유하지 못하고, 천박한 모습으로 신앙생활을 하고 있는 것이 아닐까? 사람들이 나를 그렇게 위선적인 신앙인으로 보면 어떻게 하나? 주님이 나를 그렇게 판단하시면 어떻게 하나? 나의 위선적인 모습을 보고 그로 인하여 실족하는 사람이 있으면 어떻게 하나!

개인적인 삶이 평화롭지 못하던 시절에는 이런 두려움이 더 크게 느껴졌었습니다. 목사가 된 후에는 이런 두려움 위에 책임감까지 더해졌습니다. 하지만 저는 이 두려움이 앞으로도 계속되기를 바랍니다. 바로 이 두려움이 저로 하여금 최소한의 도덕적인 선을 지키게 하고 있기 때문입니다. 그래서 그로 인하여 영적인 평화를 누리게 되었고 소망을 유지할 수 있게 되었기 때문입니다.

바로 이 두려움 속에서 저의 마음속에 버티고 있던 쓴 뿌리들이 뽑혀나가고, 모난 부분들이 둥글게 마모되어왔던 것입니다. 삐쭉삐쭉 날이 섰던 부분들이 두려움의 정을 맞으며 무뎌지게 되었습니다. 그래서 예전에는 그러지 못했는데, 이제는 제법 참을 줄도 알고, 제법 남을 이해할 줄도 알고, 배려할 줄도 알게 되었습니다. 이 두려움 때문에 거짓말도 못 하고, 깨끗하게 살기 위하여 나름대로 애를 쓰고 있습니다.

이해하고 배려하며 둥글게 살라는 말은 적당히 살면서 불의와도 타협하라는 이야기가 아닙니다. 거짓을 속아주고 더러운 것도 참고 견디라는 이야기는 더더욱 아닙니다. 그러나 내가 불의하지 않고, 내가 강퍅하지 않고, 내가 더럽지 않고, 내가 거짓말을 하지 않아야 하나님께서 주신 사랑과 덕의 용광로 안에 사람들의 불의와 거짓과 강퍅함과 더러움을 다 태워 녹일 수 있는 것입니다.

남을 비난하고 정죄하고 이해타산을 따지기 전에 나를 먼저 돌아봐야 합니다. 경건한 영적 두려움으로 늘 나를 돌아봐야 합니다. 그래야 평화의 하나님께서 나를 친구로 삼아주시고 나와 함께 계실 수 있는 것입니다. 화평한 삶은 하늘에서 뚝 떨어지는 것이 아닙니다. 내가 하나님의 말씀으로 연습하고 하나님의 자녀로 훈련되어야 합니다. 결국 내가 어떻게 하느냐에 달린 것이죠. 우리가 어떻게 느끼든 하나님은 태초부터 평화의 하나님이십니다.

하나님은 거짓과 악, 더러움이 빚는 갈등과 분쟁, 영적 부조화를 싫어하십니다. 당신의 모든 백성이 정직히고 선하고 깨끗하며 하나님과 조화를 이루어 살롬하기를 바라십니다. 그 말씀 가운데 우리가 있기를 소원합니다. 그래서 평화의 하나님과 영적 일치를 이루고 하나님 안에서 평화를 누리기를 소망하며 축복합니다.

열두 번째 이야기

우리를 신뢰하시는 하나님

브루투스 너마저도!

고대에서 중세에 이르기까지 천여 년의 세월 동안 서양사를 좌지우지한 나라가 바로 로마제국입니다. 로마제국의 초대황제는 '아우구스투스'라는 이름으로 잘 알려진 '옥타비아누스'라는 사람입니다. 그러나 정작 로마제국의 기틀을 놓은 사람은 따로 있었습니다. 그는 옥타비아누스의 양아버지입니다.

세계사에서 '줄리어스 시저'라고 불리는 사람이죠. 시저는 영어식 발음입니다. 로마식 이름은 '율리우스 카이사르'였습니다. 많은 사람이 그를 로마의 황제로 알고 있습니다. 하지만 그는 황제의 자리에 오르지 못했습니다. 그러나 그의 이름은 황제를 지칭하는 고유명사가 되었습니다. 그래서 예수님께서도 "가이사의 것을 가이사에게로" 이런 말씀을 하셨습니다. 형식적인 황제의 자리에 오르지 않았을 뿐이었지 실질적인 통치자로서 막강한 실권을 쥐고 있었던 것입니다. 그러나 그의 종말은 불행했습니다. 그의 독재를 막으려는 반대파들에게 살해당하고 말았던 것입니다.

전해오는 말에 의하면 옷자락으로 머리를 뒤집어쓴 채 무더기로 달려드는 반대파들의 단검 세례를 묵묵히 받아냈다고 합니다. 목덜미만 무려 스물세 번을 찔리는 처참한 최후 속에서 마지막으로 한 말이 있었습니다. 아주 유명한 말이죠. "브루투스 너마저도!" 그런데 사실 그 말은 셰익스피어의 희극에서 각색된 것이라고 합니다. 원래 카이사르는 이렇게 말했다고 합니다. "너 또한 내 자식이다." 카이사르와 브루투스는 그만큼 친한 사이였습니다. 브루투스는 카이사르의 절대적 신뢰를 받고 있던 부하였습니다. 그런데 그도 반대파들 틈에 섞여 카이사르에게 단검을 휘둘렀던 것입니다. 그래서 암살자들과 싸우던 카이사르가 브루투스를 보는 순간 저항할 힘을 잃고 말았다는 이야기도 있습니다. 하여간 셰익스피어의 희극이 공개된 후로 "브루투스 너마저도" 이 말은 가장 신뢰하던 사람에게 배신당했을 때 쓰는 말이 되었습니다.

카이사르가 죽은 후에 세인의 관심은 그의 유언장에 쏠리게 되었습니다. 과연 그의 막강한 자리를 누가 차지할까? 미리 작성되어 있던 카이사르의 유언장에는 조카이자 양아들인 옥타비아누스가 후계자로 지명되어있었습니다. 그런데 이제 겨우 18살인 옥타비아누스가 자기의 뒤를 잇지 못할 경우를 대비해 지명한 두 번째 후계자가 있었는데, 그가 바로 브루투스였다고 합니다. 그만큼 아끼고 사랑했던 부하에게 배신을 당한 것이었습니다. 속된 말로 뒤통수 오지게 맞고 발등 제대로 찍힌 것입니다.

신뢰를 상실한 세상

세상에서는 이런 일이 아주 흔하게 일어납니다. 배신은 가장 많이 사용되는 통속드라마의 주제이기도 합니다. 이제는 단순한 배신이 아니라 배신에 배신이 꼬리를 무는 복합적 배신이 주를 이루고 있습니다.

저는 국문학을 전공하고 많은 문학작품을 접해왔기 때문에 예전에는 TV 드라마를 몇 회만 보면 앞으로 어떻게 전개될 것인지,

끝에 어떻게 마무리될 것인지 대강 짐작할 수 있었습니다. 하지만 요즘 드라마는 도무지 갈피를 잡을 수 없습니다. 배신과 치정으로 꼬이고 또 꼬이기 때문입니다. 예수도 아닌데 죽었다가 살아나는 것도 예삿일이고, 친구는 물론 부부 사이에도 배신하고 배신당하는 일들이 되풀이됩니다. 그야말로 막장이 대세인데 이런 상황이 작가들만의 문제는 아닌 것 같습니다. 이제 삼각관계 정도는 촌스럽게 느껴질 정도로 복잡하게 꼬아서 얽히고설키게 만들어야 시청자들의 관심을 끄는 세상이 되었기 때문입니다.

세상이 그만큼 악해졌다는 증거입니다. 남을 속이고 배신하는 일이 아무렇지도 않게 일어나는 문제의 원인은 오로지 자기만을 생각하는 극단적인 이기주의의 영향이라고 볼 수 있습니다. 그러나 그 결과는 신뢰의 상실입니다.

내가 신뢰하여 내 떡을 나눠 먹던 나의 가까운 친구도 나를 대적하여 그의 발꿈치를 들었나이다(시편 41:9)

다윗이 하나님께 하소연하고 있습니다. 이 말씀은 가룟 유다에게 배신당하는 예수 그리스도의 마음을 다윗의 시를 통하여 예언한 것이라고 합니다. 가장 신뢰하던 사람에게 당하는 배신은 돌이킬 수 없는 결과를 가져온다는 말씀입니다. 그래서 하나님이 다윗의 입술을 통하여 이렇게 말씀하십니다.

여호와께 피하는 것이 사람을 신뢰하는 것보다 나으며 여호와께 피하는 것이 고관들을 신뢰하는 것보다 낫도다(시편 118:8~9)

사람을 믿지 말고 하나님을 의지하라는 말씀입니다. 그렇다고 가족이나 친구가 언제 배신할지 모르니까 절대로 믿지 말라는 뜻은 아닙니다. 하나님을 믿어야 하지만 현실을 살아가면서 부딪치는 대상은 모두 사람들입니다. 그 사람들과의 사이에서도 신뢰를 이야기하지 않을 수 없는 것입니다. 그래서 신뢰는 하나님과의 관계에서도 중요하지만, 인간관계의 기본적인 덕목이기도 합니다.

신뢰를 상실한 부부는 헤어질 수밖에 없습니다. 신뢰를 상실한 가정은 온전한 화목을 이룰 수 없습니다. 신뢰를 상실한 사회는 병든 사회입니다. 건강한 국가가 되기 위해서는 사회 구성원 간에 신뢰의 회복이 있어야 합니다. 온전한 가정이 되기 위해서도 가족서로 간에 신뢰의 회복이 있어야 합니다. 부부가 이혼과 같은 극단적인 선택을 하지 않기 위하여서도 서로 이해하고 존중하며 갈등을 극복하는, 신뢰회복을 위한 노력이 있어야 합니다. 그래서 이혼 숙려제도가 시행되고 있는 것입니다.

그러나 지금 우리 국가의 모습이 어떻습니까? 연이어 터지는 대형 사건사고들로 하루도 조용할 날이 없습니다. 지금 우리 사회는 어떻습니까? 노사갈등, 이념 갈등, 사상 갈등, 종교 갈등, 지역 갈등, 계층 간의 갈등, 이렇게 갈가리 찢겨져서 사분오열되어 있습니다. 지금 많은 가정이 해체의 아픔을 겪고 있습니다. 이것은 오히려 당연한 일입니다. 사회가 자기 구실을 제대로 못 하면 그 여파로 가정들이 무너지게 되어있습니다. 자기 구실을 못 하는 사회에서 구성원들의 삶이 온전하기 힘든 것은 당연한 일입니다.

오늘 이 나라의 모습, 이렇게 불안한 사회 상황 속에서는 온전한 가정공동체도 유지되기가 힘든 것입니다. 당연히 개인의 삶이 피폐해져 갈 수밖에 없습니다. 안타깝게도 우리는 신뢰가 실종된 시대에 살고 있습니다. 온 국민이 신뢰회복을 위하여 노력해야 합니다. 가정에서 사회에서 서로를 신뢰해야 합니다. 그뿐 아니죠. 어려울수록 더 하나님을 신뢰해야 합니다.

신뢰가 곧 신앙입니다

신앙은 믿을 신(信), 우러를 앙(仰)! 믿고 따른다는 말입니다. 신뢰해야 믿고 따를 수 있죠. 인생의 위기에서, 가정의 위기에서, 나라의 위기에서 벗어날 수 있는 유일한 방법은 먼저 하나님을 믿고 따르는 것입니다. 기도하고 예배하며 하나님의 음성 듣기를 사모하고, 그 음성을 통하여 삶의 위기를 극복하기를 소망합니다.

여호사밧의 나라가 태평하였으니 이는 그의 하나님이 사방에서 그들에게 평강을 주셨음이더라(역대하 20:30)

여호사밧은 유다의 네 번째 왕입니다. 아사 왕의 아들로 태어나 35세에 왕이 되어 25년 동안 유다를 다스렸습니다. 왕이 된 후에 크고 작은 실책을 범하기도 했습니다. 하지만 항상 하나님의뜻을 알기 원하면서 하나님의 계명에 순종하려고 노력했습니다.

그러한 믿음을 바탕으로 백성들을 사랑하고 보살펴서 백성의 신뢰를 받았던 왕입니다. 그뿐 아니라 하나님으로부터 넘치는 복을 받아서 평화로운 나라를 만들 수 있었습니다.

그러나 여호사밧이 다스리는 유다가 늘 태평하고 항상 평화롭기만 했던 것은 아닙니다. 아니 오히려 다른 어느 왕의 시대보다도 감당하기 어려운 위기를 맞기도 했었습니다. 나라의 운명이 풍전등화와 같은 상황을 맞이하였을 때 여호사밧과 유다 백성들은 그 위기를 잘 이겨냈습니다. 그리고 위기를 극복하는 과정에서 보여준 왕과 백성 사이의 신뢰, 하나님을 향한 일치된 믿음이 오히려 위기를 기회로 삼아 태평한 나라에서 평화로운 삶을 살아가는 축복을 누리게 되었던 것입니다.

여호사밧의 유다가 맞이한 위기는 전쟁이었습니다. 그것도 당할 수 없는 상대와의 피할 수 없는 전쟁이었습니다. 모압과 암몬과 마온. 세 나라가 연합하여 유다를 공격해 온 것입니다. 마온은 사사시대 이래로 꾸준히 이스라엘을 괴롭혀 온 이방 부족입니다.

모압과 암몬의 역사는 아브라함의 시대에 시작되었습니다. 창세기 19장에는 소돔과 고모라 성이 죄악으로 멸망할 때의 모습이 기록되어 있습니다. 아브라함을 생각하신 하나님의 은혜로 아브라함의 조카 롯의 가족만이 소돔 성을 탈출할 수 있었습니다.

그 후 롯이 딸들과 근친상간을 해서 아이를 낳는 장면이 성경에 상세하게 기록되어 있습니다.

딸들이 아버지에게 술을 먹이고 아버지에게 들어가 자식을 낳습니다. 그래서 낳은 큰딸의 아들이 모압이고 작은딸의 아들이 벤암미입니다. 모압이 모압 족속의 조상이 되고, 벤암미는 암몬 족속의 조상이 되었습니다. 이들이 한동안 이스라엘의 가시 노릇을 했습니다. 불의한 행위로 낳은 자식이기에 당연한 일이었습니다.

이들이 쳐들어온다는 소식을 들은 여호사밧이 가장 먼저 한 일이 하나님께 기도하는 일이었습니다. 본인은 알 수 없었겠지만 순간의 선택이 전쟁의 승패를 가린 것이죠. 여호사밧은 자신의 군사력을 점검하기 전에 먼저 백성들에게 금식을 선포하고 성전 뜰 앞에서, 백성들 가운데에 서서 하나님께 도움을 호소했습니다.

이르되 우리 조상들의 하나님 여호와여 주는 하늘에서 하나님이 아니시니이까 이방 사람들의 모든 나라를 다스리지 아니하시나이까 주의 손에 권세와 능력이 있사오니 능히 주와 맞설 사람이 없나이다 우리 하나님이시여 전에 이 땅 주민을 주의 백성 이스라엘 앞에서 쫓아내시고 그 땅을 주께서 사랑하시는 아브라함의 자손에게 영원히 주지 아니하셨나이까 그들이 이 땅에 살면서 주의 이름을 위하여 한 성소를 주를 위해 건축하고 이르기를 만일 재앙이나 난리나 견책이나 전염병이나 기근이 우리에게 임하면 주의 이름이 이 성전에 있으니 우리가 이 성전 앞과 주 앞에 서서 이 환난 가운데에서 주께 부르짖은즉 들으시고 구원하시리라 하였나이다 옛적에 이스라엘이 애굽 땅에서 나올 때에 암몬 자손과 모압 자손과 세일 산 사람들을 침노하기를 주께서 용납하지 아니하시므로 이에 돌이켜 그들을 떠나고 멸하지 아니하였거늘 이제 그들이 우리에게 갚는 것을 보옵소서 그들이 와서 주께서 우리에게 주신 주의 기업에서 우리를 쫓아내고자 하나이다 우리 하나님이여 그들을 징벌하지 아니하시나이까 우리를 치러 오는 이 큰 무리를 우리가 대적할 능력이 없고 어떻게 할 줄도 알지 못하옵고 오직 주만 바라보나이다 하고 유다 모든 사람들이 그들의 아내와 자녀와 어린이와 더불어 여호와 앞에 섰더라(역대하 20:6~13)

이 간절한 기도를 하나님께서 즉시 응답하셨습니다. 하나님께서 백성 중에 있던 선지자 야하시엘을 통하여 선포하셨습니다.

야하시엘이 이르되 온 유다와 예루살렘 주민과 여호사밧 왕이여 들을지어다 여호와께서 이같이 너희에게 말씀하시기를 너희는 이 큰 무리로 말미암아 두려워하거나 놀라지 말라 이 전쟁은 너희에게 속한 것이 아니요 하나님께 속한 것이니라(역대하 20:15)

이 말씀을 들은 여호사밧과 백성들은 승리를 확신하고 여호와 앞에 경배를 드립니다. 이들의 하나님께 대한 감사와 경배는 찬송으로 이어집니다. 그들은 목소리를 높여 하나님을 찬양합니다.

그런데 생각해보세요. 인간의 눈으로 보면 이게 얼마나 정신 나간 짓입니까? 이들이 이방 연합군을 물리쳤습니까? 아니면 이방 연합군이 오다가 여호사밧의 기도에 대한 하나님의 응답을 듣고 무서워서 도망갔습니까? 아닙니다. 그들은 유다를 멸하기 위하여 여전히 힘차게 진격하고 있었습니다. 백성들은 왕이 모이라고 하니까 모였을 뿐이고, 함께 기도하자고 하니까 기도했을 뿐이고, 선지자를 통하여 하나님의 응답이라는 말을 들었을 뿐입니다.

현실적으로는 적들이 코앞에 있고, 군사력으로는 다윗과 골리앗의 싸움보다도 더 상대가 안 되고, 아무것도 위험이 사라진 것이 없었습니다. 그뿐 아닙니다. 도대체 하나님이 어떻게 싸우시겠다는 것인지도 전혀 알 수가 없었습니다. 그런 상황이었지만 유다의 왕과 백성들의 마음에서는 이미 두려움이 사라졌습니다. 하나님에 대한 확신, 하나님께 대한 신뢰가 이들의 마음을 주장하고 있었기 때문입니다. 왕과 백성들의 믿음이 하나님의 능력을 전적으로 신뢰했기 때문에 두려움을 이겨낼 수 있었던 것입니다. 그래서 아직 전쟁은 시작하기도 전이었지만, 이미 승리의 기쁨에 젖어 하나님을 찬양할 수 있었던 것입니다.

하나님의 전쟁

여호사밧과 유다 백성이 하나님의 말씀에 따라 드고아 들로 나갔습니다. 이때 여호사밧이 다시 한 번 백성들에게 여호와 하나님을 신뢰하라고 말합니다. 여호와 하나님을 신뢰하고 견고하게 서면 반드시 형통하게 될 것이라고 말합니다. 이 책을 읽는 모든 독자에게 주시는 축복의 말씀입니다. 신뢰하라! 우리의 삶이 견고해지고 형통해질 수 있는 비결입니다. 신뢰는 믿고 의지하는 것입니다. 하나님을 믿고 의지하라는 말씀입니다.

어떻게 믿어야 합니까? 구원에 이르는 믿음을 가져야 합니다. 내 안에 주님이 계신 것을 확신하고, 내 안에 성령이 임재하신 것을 확신하고, 언제 어디서든지 담대하게 주를 시인하고 복음을 증거 할 수 있는 믿음이 있어야 합니다. 행동하는 믿음이 있어야 합니다. 구원받지 못하는 믿음도 있습니다. 그것은 확신이 없고 행함이 없는 믿음입니다. 행함이 없는 믿음은 죽은 믿음입니다. 죽은 믿음은 성장할 수 없습니다.

하나님은 우리의 믿음이 천국에 올라가는 날까지 계속 성장하기를 바라십니다. 그것이 성화의 과정입니다. 칼뱅에 의하면 인간은 모두 성화의 과정을 살다가 하나님의 부름을 받게 됩니다. 천국에 갔을 때, 이 땅에서 얼마나 노력해서 얼마나 성화가 이루어졌는가가 중요한 것입니다. 거기에 따라서 각각의 면류관이 있습니다. 이 땅에서 얼마나 하나님을 신뢰하고 나의 삶을 얼마나 맡겼는가! 나의 시간과 생각, 나의 행동 모든 것을 주님께 맡기고 주님의 뜻에 따라야 합니다. 이것이 진정한 신뢰의 삶입니다.

여호사밧과 유다 백성이 하나님을 믿고 전쟁터에 나갔습니다. 보통 이 시대의 전쟁을 보면 맨 앞에 방패로 무장한 보병들이 진격합니다. 그 뒤에 창칼을 든 병사들이 갑니다. 그 뒤에 활 쏘는 궁수들이 섭니다. 싸움이 시작되면 한동안 서로 화살을 주고받습니다. 맨 앞의 병사들이 방패로 날아오는 화살을 막습니다. 그러다가 얼마가 지나면 돌격해서 백병전을 벌입니다. 그런데 막강한 이방 연합군과 싸우는 유다 군대의 전열이 특별했습니다. 맨 앞에 찬양대가 섰습니다. 갑옷과 창칼로 무장하기는커녕 거룩한 예복을 입고 군대 맨 앞에 가면서 여호와를 찬송합니다. 완전한 상식 파괴가 벌어진 것입니다. 세상 사람들의 눈으로 보면 죽으려고 작정한 사람들인데 그들이 여호와를 어떻게 찬양합니까?

백성과 더불어 의논하고 노래하는 자들을 택하여 거룩한 예복을 입히고 군대 앞에서 행진하며 여호와를 찬송하여 이르기를 여호와께 감사하세 그의 인자하심이 영원하도다 하게 하였더니 (역대하 20:21)

이 모습을 보고 누가 가장 기뻐했을까요? 그 뒤를 따르는 여호사밧과 유다 백성입니까? 아니면 이방 연합군입니까? 저 유다 군대 하는 꼴 보니까 싸움이고 뭐고 할 것 없이 그냥 거저먹겠구나 싶어서 신이 났을지도 모릅니다. 하지만 아닙니다. 여호와 하나님께서 가장 기뻐하셨습니다. 나를 알아주는 백성들, 나를 인정해 주는 백성들, 그래서 나는 아직 시작도 안 했는데, 벌써 감사하고 찬양하는 백성들, 얼마나 예쁘겠습니까? 얼마나 사랑스럽겠습니까? 그래서 하나님이 직접 나서서 신나게 싸우셨습니다.

하나님의 전략은 간단했습니다. 자기들끼리 싸우게 하는 것입니다. 그래서 싸움이 시작되자마자 순식간에 이방 연합군을 다 멸하셨습니다. 유다 사람들이 망대에서 보니까 땅에 엎드려진 시체뿐입니다. 서서 싸우러 오는 병사는 하나도 없었습니다. 그러니까 유다 사람들도 전혀 싸울 일이 없었던 것입니다. 소문난 잔치에 먹을 것 없다는 속담처럼 싸워보지도 않고 싱겁게 끝난 전쟁이 되고 말았습니다. 그래도 먹을 것은 넘치게 많았습니다. 이방 연합군이 졸지에 전멸하면서 남긴 재물과 의복 등 전쟁보급품과 보물이 엄청나게 많았습니다. 뜻밖의 횡재를 한 것입니다. 하나님이 주신 축복의 덤입니다. 그것들을 다 옮기느라고 사흘 동안 죽을 고생하며 열심히 노획물을 날랐습니다.

그 다음에 무엇을 어떻게 해야 할까요? 이제 전쟁이 끝났으니까, 다시 평상의 생활로 돌아와야겠죠. 하나님이 우리를 도와주셨지만, 하나님께 감사한 것은 감사한 것이고, 우리도 먹고살아야 하니까 이제는 그만 세상으로 돌아와 일해야 합니다. 이것이 오늘날 대다수 사람이 예수 믿는 모습입니다. 하지만 유다 백성들은 그러지 않았습니다. 사흘 동안 노획물 다 나르느라고 무척 힘들고 피곤했을 텐데, 단 하루도 지체하지 않고 바로 다음 날, 넷째 날에 온 백성이 다시 모여서 하나님께 찬양을 올려드렸습니다. 그리고 비파와 수금과 나팔을 합주하면서 예루살렘에 이르러 다시 여호와의 전으로 나갔습니다.

위기에 닥쳤을 때 다급하게 찾고 위기를 벗어난 후에 모른 척하는 것이 아니라, 위기에서 벗어난 후에도 계속하여 변함없이 여호와를 찾아 찬양하고 송축하는 것입니다. 여호와에 대한 신뢰에 변함이 없습니다. 그러니까 하나님께서 여호사밧과 유다 백성들에게 사방으로 평화를 허락해주셨습니다.

놀라운 축복의 결말입니다. 여호사밧과 유다 백성들은 하나님이 주신 복을 누릴 자격이 있는 사람들입니다. 왕의 믿음도 좋지만, 백성들의 믿음도 대단한 것입니다.

출애굽을 이끈 하나님의 종 모세에게는 늘 반역하고 소동하는 무리가 있었습니다. 그래서 열흘길도 되지 않는 가나안 땅까지 가는데 무려 40년이나 걸렸던 것입니다. 하나님을 신뢰하지 않았던 이스라엘 백성들이 광야에서 다 죽고 다음 세대가 장성한 후에야 비로소 가나안 땅으로 들어가는 길이 열렸습니다. 그런데 유다의 왕과 백성들은 서로를 믿었습니다. 신뢰했다는 말입니다. 그들은 서로를 신뢰했을 뿐만 아니라 한마음으로 하나님을 신뢰했습니다. 이러한 신뢰가 우리에게도 필요합니다. 이 나라가 위기입니다. 신뢰가 실종된 자리에 불신의 영이 가득 차 있기 때문입니다. 이 난국을 극복하기 위하여 신뢰의 회복이 필요합니다.

하나님을 신뢰해야 합니다.

하나님이 세우신 지도자를 신뢰하시기 바랍니다. 우리의 가족, 이웃, 동료들을 우리가 먼저 신뢰할 수 있기를 바랍니다. 물론 그러다가 속을 수도 있습니다. 당했다는 마음이 들 수도 있습니다. 뒤통수 맞고 발등 찍힐 수도 있습니다. 누가 브루투스가 될지도 모르는 일입니다. 누가 가룟 유다일지도 모릅니다. 그러나 설사 그런 일이 생긴다고 하더라도 신뢰해야 합니다.

우리에게 신뢰하는 믿음이 있을 때 하나님께서 그 믿음에 기쁘게 응답하시기 때문입니다. 우리에게 복을 줄 수 있는 분은 하나님밖에 없습니다. 천지사방을 다 뒤져봐도 하나님 밖에는 없습니다. 간혹 인간이 우리를 돕습니다. 그러나 그것도 하나님의 선하신 역사로 이루어지는 일입니다. 하나님이 하십니다. 그래서 하나님이 하나님인 것입니다.

우리가 먼저 신뢰의 믿음을 회복하고 그 믿음으로 나아갈 때, 우리의 영원한 친구이신 하나님께서 사방에서 우리의 대적을 막아주시고 우리에게 평화를 주신다는 사실을 믿어야 합니다. 오직 하나님만 바라보는 전적인 신뢰를 통하여 더욱더 크고 풍성한 기쁨을 누리기를 소망합니다.

열세 번째 이야기

약속을 지키시는 하나님

코리안 타임 유감

한때 한국 여인의 남편이었던 할리우드 배우 니컬러스 케이지 주연의 '당신에게 일어날 수 있는 일'이라는 영화가 있습니다. 평범한 경찰관 랭이 식당에서 커피를 마시고 나오면서 여종업원에게 팁을 주려고 했는데 마침 가진 돈이 없었습니다. 그래서 현찰 대신에 복권이 당첨되면 절반을 주겠다고 약속합니다.

그런데 정말 복권이 당첨되었습니다. 무려 400만 달러를 받았습니다. 랭은 주저 없이 200만 달러를 여종업원 이본느에게 줍니다. 그러면서 이렇게 말했습니다. "약속은 어디까지나 약속입니다." 비록 영화이지만 로또당첨금 때문에 부부가 갈라서고 형제사이에 소송을 불사하고, 심지어 칼부림까지 벌이는 우리 모습과는 너무 다른 이야기죠. 약속은 반드시 지켜야 합니다. 사사로운 약속이라도 그렇습니다. 특별히 시간 약속을 잘 지켜야 합니다.

지금 젊은 세대에서는 잘 모를 수 있는 말 중에 '코리안 타임'이라는 말이 있습니다. 한국전쟁 당시 약속 시각보다 늦게 오는 것을 당연하게 여기는 한국 사람들에게 질려버린 주한미군들이 만든 단어인데. 사전에도 있습니다. '약속 시각에 일부러 늦게 도착하는 버릇이나 그 행동을 이르는 말' 상대방이 늦게 나올 것이 분명하니까 나도 늦게 나간다는 것입니다. 그러니까 11시에 만나기로 약속한 사람들이 실제는 12시가 넘어서 만날 수도 있고, 점심시간이 지나서 만나기도 합니다. 약속 잘 지키는 사람, 성질 급한 사람만 죽는 것이죠. 그래서 신중현이 만들고 펄시스터즈가 부른 '커피 한잔'이라는 노래가 크게 인기를 얻기도 했습니다.

"커피 한 잔을 시켜놓고 그대 오기를 기다려 봐도 웬일인지 오지를 않네! 내 속을 태우는 구려~"

코리안 타임이 왜 생겼을까요? 복합적인 원인이 있겠지만, 한국인 특유의 권위의식이 가장 큰 원인이 되었을 것입니다. 예컨대 윗사람과 아랫사람이 약속하면 아랫사람이 먼저 가서 기다리는 것을 당연한 예의로 여겼던 것입니다. 그러니까 윗사람이 채신머리없이 약속 시각 전에 쪼르르 달려가는 것보다 오히려 약속한 시각보다 조금 늦게 가는 것이 점잖은 모습이라는 봉건주의적인 착각이 코리안 타임을 만들었을 것이라는 합리적 추론이 가능하죠.

교회 안의 인간관계에서도 알게 모르게 이런 의식들이 작용합니다. 제가 처음 섬기던 교회에도 교회 이름을 딴 'ㅇㅇ타임'이라는 것이 있었습니다. 군에서 전역한 후에 청년부에 출석하면서 야외예배를 가게 되었는데 모이는 모양을 보니 그야말로 가관이었습니다. 정해진 출발 시각에는 임원들밖에 안 보입니다. 시간이 한참 지난 후에야 한두 사람씩 드문드문 나타납니다. 그렇게 한두 시간이 훌쩍 지난 후에 청년부의 고참 축에 속하는 증경 임원들이 어슬렁거리고 나와야 그때부터 출발 예배를 드리고 인원 점검을 합니다. 분명히 모여서 출발한다고 공지한 시간은 오전 9시인데, 마치 9시까지가 아니라 9시부터 모이는 것 같았습니다.

제가 청년회 총무로 섬기게 되었을 때 이 버릇부터 손을 봤습니다. 공휴일에 야외모임을 가는데 예정된 모임 시간이 되어 바로 출발하자고 하니까 청년들 사이에서 난리가 났습니다. "이제 막 시간이 되었는데 벌써 갑니까? 아직 사람들 안 왔으니 더 기다려 야죠." 전도사님까지 더 기다리라고 합니다. 무시하고 밀어붙였습니다. 다른 임원들, 회원들 다 찜찜한 모양을 했지만 아무리 사소한 모임이라도 교회에서의 공적인 약속은 반드시 지켜야 하는 하나님과의 약속이라는 것이 저의 강력한 주장이었습니다.

그래서 평균 사오십 명이 움직이는 모임에 달랑 아홉 명이 갔던 것으로 기억합니다. 다녀와서 욕을 엄청나게 많이 먹었지만 다음 모임에 또 그런 식으로 시간을 지켰습니다. 비슷한 일이 되풀이되면서 너무 융통성이 없다, 원래 반골이라 그렇다, 등등 이런저런 말을 많이 들었습니다. 청년부 담당 전도사가 설교를 하면서 총무가 믿음이 없어서 은혜를 모른다고 했습니다. 그러나 지각을 봐주는 것이 은혜는 아닙니다. 약속은 지키기 위하여 있는 것입니다.

하나님이 아브라함에게 약속하실 때에 가리켜 맹세할 자가 자기보다 더 큰 이가 없으므로 자기를 가리켜 맹세하여 이르시되 내가 반드시 너에게 복 주고 복 주며 너를 번성하게 하고 번성하게 하리라 하셨더니 그가 이같이 오래 참아 약속을 받았느니라(히브리서 6:13~15)

하나님께서 자신을 걸고 아브라함에게 약속하셨습니다. 반드시 복을 주고 번성하게 하겠다고 약속하며 다짐하셨습니다. 약속을 강조하신 것입니다. 요즘 말로 하면 새끼손가락 걸고 도장 찍고 복사하고 스캔까지 하신 것입니다. 그 약속이 마침내 이루어졌습니다. 하나님께서 약속을 지키셨다는 말씀인데, 이것은 너무 당연한 이야기지만 사실은 약속이 지켜지지 않을 수도 있었습니다. 하나님의 약속 안에 아브라함이 먼저 해야 할 전제 조건이 있었기 때문입니다. 그것은 아브라함의 믿음이었습니다. 그가 믿음으로 오래 참아서 마침내 하나님께서 약속하신 것을 받게 되었던 것입니다. 그것이 바로 하나님께서 주신 복을 받고 번성하는 것입니다. 아브라함에게 하신 하나님의 약속은 개인의 복을 넘어 그의 후손인 이스라엘 민족의 번성으로 이어진 약속이었습니다.

아브라함의 믿음과 이스라엘의 불신앙

이후에 전개되는 이스라엘의 역사를 보면 하나님께서 아브라함에게 약속하신 것 같이 계속 번성하기만 했던 것은 아닙니다. 나라가 망하고 민족이 흩어지고 고난을 겪은 시기가 여러 차례 있었습니다. 하지만 그러한 고난의 원인은 모두 백성들의 죄에서 비롯되었다는 사실을 성경을 통하여 알 수 있습니다. 이스라엘은 고난을 당할 때마다 하나님께 부르짖었지만, 하나님의 도우심으로 위기를 모면하고 나면 언제 그랬냐는 듯 하나님을 떠나서 우상을 섬기며 온갖 패악한 행위들을 저지르기를 되풀이했습니다.

너희는 예루살렘 거리로 빨리 다니며 그 넓은 거리에서 찾아보고 알라 너희가 만일 정의를 행하며 진리를 구하는 자를 한 사람이라도 찾으면 내가 이 성읍을 용서하리라(예레미야 5:1)

하나님은 소돔과 고모라 성을 멸하시기 전에 아브라함과 대화하셨습니다. 처음에는 그 성에 의인 오십 명만 있으면 용서하겠다고 하셨습니다. 하지만 아브라함의 거듭되는 간청을 받아들이셔서 그 성에 의인이 열 명만 있어도 멸하지 않겠다고 약속하셨습니다. 그러나 결국 의인 열 명이 없어서 소돔과 고모라는 유황불에 휩싸이고 말았습니다. 그런데 예레미야 시대에 이르러서는 정의를 행하고 진리를 구하는 자가 단 한 명만 있어도 이 성읍을 용서하겠다고 하십니다. 당시 백성들의 죄가 어느 정도였는지 충분히 짐작할 수 있는 말씀입니다.

그들의 조상인 아브라함은 믿음으로 한 민족을 세웠습니다. 그러나 아브라함의 후손들은 불신앙으로 자기 민족을 망하게 했던 것입니다. 우리가 이 말씀에 집중해야 하는 까닭은 바로 나 한 사람의 믿음이 나라의 미래를 바꿀 수도 있다는 사실 때문입니다.

하나님께서 아브라함에게 하신 약속은 사실 아브라함이 아닌 이스라엘 민족에게 하신 약속입니다. 그런데 그 약속의 근거는 바로 아브라함의 믿음이라는 것이죠. 아브라함이 하나님의 약속을 믿고 오래 참고 순종하여 그 약속을 이루었는데, 그 결과 그의 후손인 이스라엘 민족이 번성하게 되었다는 것입니다.

히브리서의 저자는 성도들이 믿음에서 떠나는 것을 막기 위하여 이 편지를 썼습니다. 당장 눈앞의 어려움에 굴복하여 하나님을 믿는 믿음을 버리지 말라는 권면입니다. 그러면서 아브라함이 어떻게 해서 이와 같은 복을 누리게 되었는지 설명하고 있습니다.

하나님을 믿으면 복을 주고 번성하게 하겠다는 말씀은 모든 인류에게 빠짐없이 해당하는 은혜의 말씀입니다. 어느 나라 어느 민족이든지 하나님을 믿고 그 믿음을 지켜나간다면 하나님의 인도하심과 보호하심을 받게 됩니다. 하나님의 특별한 섭리로 고난을 통하여 하나님께 영광 돌리는 성도들도 있지만, 그런 경우가 아니라면 믿음으로 인하여 나라가 잘되고, 기업이 잘 되고 개인이 복을 받습니다. 그러나 어리석게도 하나님이 아닌 세상을 믿고 세상을 의지한다면 그 나라와 기업과 개인의 미래는 누구도 보장할 수 없는 것입니다. 이것은 역사가 보여주는 진실입니다.

클레오파트라의 삶

파스칼의 유고집 '팡세'에서 그녀의 코가 조금만 낮았다면 역사가 달라졌을 것이라고 했던 클레오파트라는 이집트의 마지막 왕이었습니다. 열여덟 살의 나이에 열 살밖에 안 된 친 남동생과 결혼하여 남편과 함께 왕 노릇을 했습니다. 동생이 남자인 까닭에 자신보다 왕위 계승 서열이 앞섰기 때문입니다. 그렇게 공동 왕이 된 후에는 어린 동생을 무시하고 혼자 국정을 펴나갔습니다. 그러다가 어린 남편이 성장하면서 세력이 생기는 과정에 부부 사이가 벌어지면서 위기를 맞게 됩니다. 그때 로마의 권력자인 카이사르가 이집트를 방문하게 되고, 클레오파트라는 그를 유혹합니다. 그래서 카이사르의 아들을 낳고 그의 도움을 받아 남편이자 동생인 공동 왕을 몰아내고 단독으로 왕의 자리를 굳히게 됩니다.

하지만 카이사르가 암살당하자 이번에는 카이사르의 동반자이자 그가 죽은 후에 가장 큰 권력을 쥐게 된 안토니우스를 유혹해서 그의 아들을 낳습니다. 그래서 안토니우스와 함께 로마와 이집트를 아우르는 대제국을 다스리게 될 꿈에 부풀어 있었습니다.

드디어 안토니우스와 옥타비아누스가 로마의 패권을 두고 최후의 결전을 벌입니다. 세계사에서 유명한 악티움 해전입니다. 클레오파트라도 안토니우스와 연합전선을 형성했습니다. 그런데 모든 전문가들의 예상을 뒤엎고 옥타비아누스가 승리합니다. 패배한 안토니우스는 이집트로 도망쳐 클레오파트라의 품에서 숨을 거두게 됩니다. 곧바로 옥타비아누스의 군대가 진격해오자 클레오파트라도 자살로 파란만장했던 삶을 마감하고 말았습니다.

그녀는 이집트의 왕이면서 왜 그렇게 적국의 권력자들과 깊은 관계를 유지하려고 애썼을까요? 그녀의 남성편력이었다고 보는 것보다는 이미 쇠퇴기에 접어든 나라를 지키기 위한 몸부림이었다고 보는 것이 사실에 더 부합할 것입니다. 하지만 그녀의 인간적인 노력은 모두 실패했습니다. 오히려 더 큰 불행을 당하고 말았습니다. 그녀의 죽음과 함께 이집트의 찬란했던 역사가 막을 내리고 로마의 속주로 편입되는 불행을 맞게 되었던 것입니다.

나라의 주인이신 하나님

나라를 지키려는 것은 정의로운 일입니다. 그렇다면 그 방법도 정의로워야 했습니다. 가장 정의로운 방법은 역사의 주관자이신 하나님께 의뢰하는 것입니다. 하지만 그 단순한 진리를 몰랐던 클레오파트라는 어리석게도 인간적인 지혜에 의존했습니다. 그래서 정의로운 목적을 위하여 정의롭지 못한 방법을 동원했던 것입니다. 그 결과가 참혹할 수밖에 없었던 것은 너무나 당연한 일입니다. 그것이 정의입니다.

우리 민족의 마지막 왕조였던 대한제국의 운명도 이와 비슷했습니다. 일본, 러시아, 중국 등 강대국 사이에서 갈팡질팡하며 인간적인 지혜를 구하고 인간적인 힘을 의지하는 사이에 나라가 망하는 결과를 가져왔던 것입니다. 일본의 패망으로 가까스로 해방은 되었지만, 한국동란의 참화를 겪으면서 세계에서 가장 못 사는 나라가 되고 말았습니다.

보릿고개라고 불렸던 춘궁기가 되면 많은 사람이 굶어 죽기까지 했습니다. 심지어 피를 팔아 먹고사는 사람들도 있었습니다. 앞이 보이지 않는 이 나라 이 민족의 모습이었습니다. 그러나 지금 우리는 세계적인 경제대국입니다. 불과 수십 년 만에 이루어낸 놀라운 변화입니다.

물론 지금 당장은 삶의 어려움으로 고통당하고 있는 사람들이 적지 않습니다. 그러나 머지않아 먹고 사는 일은 큰 문제가 아니게 되는 날이 반드시 옵니다. 삶의 질도 더 좋은 방향으로 개선될 것입니다. 풍성하고 풍족한 미래가 우리 민족에게 있습니다. 하지만 그러기 위해서는 반드시 선행되어야 할 전제 조건이 있습니다. 그것은 바로 하나님을 잘 믿는 민족과 나라가 되는 것입니다.

우리 민족의 과거를 돌아보세요. 우리 민족의 삶이 달라지기 시작한 때가 기독교 신앙이 이 땅에 뿌리내릴 때와 같다는 사실을 알 수 있을 것입니다. 우리 민족의 정서적 원형이 '한(恨)'입니다. 수천 년을 당하고만 살아온 민족입니다. 이웃 나라에 눈 한 번 크게 떠보지 못한 민족, 그래서 이 민족에게 뿌리 깊은 한이 있습니다. 한은 그 발생 배경으로 볼 때 열등감의 산물인 것이 분명합니다. 부끄러운 사실이지만 부인하기도 힘든 사실이 우리 민족은 열등감이 충만한 민족이었다는 것입니다. 그런데 어느 사이에 그 열등감이 사라진 것입니다. 하나님의 말씀이 주는 긍정적인 사고가 열등감과 같은 부정적인 사고를 밀어낸 결과입니다.

열등감의 반대말이 우월감입니다. 그러나 이것은 사전적인 정의입니다. 심리학적인 정의는 다릅니다. 열등감의 반대말은 근면성입니다. 왜 그렇습니까? 열등감이 생기는 이유는 무슨 일을 해도 안 되기 때문입니다. 그래서 점점 자신이 없어지는 것입니다. 그러니까 열등감이 있는 사람은 의기소침해지고 점점 더 게을러지게 됩니다. '해봐야 안 되는 걸 뭐!' 되는 일이 없으니까 아예 할 필요도 없다고 합니다.

그러나 근면한 사람은 그러지 않습니다. 부지런합니다. 한 번 마음먹으면 반드시 무엇인가를 이루어냅니다. 칼을 뽑았으면 하다못해 썩은 무라도 자르고 집어넣습니다. 그러니까 하면 된다는 확신이 생기고 무엇이든 하기 위하여 더 부지런해지는 것입니다.

열등감에 빠져있던 대한민국 국민에게 근면성을 불어넣은 것이 바로 기독교 신앙입니다. 부흥 운동과 성령 운동이 전국을 휩쓸던 1970년대에 잘살아보자는 새마을운동이 꽃을 피운 것! 바로 이러한 상관관계가 있는 것입니다. 기독교인이 이러한 자신감과 근면성을 가질 수 있게 되었던 동력이 바로 하나님이 주신 약속의 말씀입니다. 그 말씀을 믿고 믿음 안에서 열심히 살면 그 말씀으로 복을 받고 번성하게 되는 것입니다.

여호와께서 아브람에게 이르시되 너는 너의 고향과 친척과 아버지의 집을 떠나 내가 네게 보여 줄 땅으로 가라 내가 너로 큰 민족을 이루고 네게 복을 주어 네 이름을 창대하게 하리니 너는 복이 될지라(창세기 12:1~2)

히브리서는 아브라함이 오래 참음으로 하나님께서 약속하신 것을 받았다고 기록하고 있습니다. 하나님께서 아브라함에게 맹세까지 하면서 약속을 하셨는데, 그 약속의 근거는 아브라함이 모든 것을 버리고 하나님께서 보여주시는 땅으로 가는 것입니다.

하나님과 아브라함의 언약
"내 심부름 하나만 해주면 내가 만 원 줄게!" 아무에게나 이런 제안을 하지는 않습니다. 내 심부름을 잘해 줄 수 있고, 그래서 만원 정도는 줘도 아깝지 않은 사람에게 하는 것입니다. 하나님이 보시는 아브라함이 그런 사람이었던 것입니다. 그가 비록 우상의 소굴 속에 살고 있었지만, 그래도 하나님의 말씀을 잘 듣고 하나님께서 새롭게 세우실 민족의 조상이 될 만한 자격이 있다고 생각하셨던 것입니다. 아브라함이 이 제의를 즉각 받아들였습니다. 소명 받은 것입니다. 그래서 자신이 살아왔던 나라 친척 아버지의 집을 과감하게 떠났습니다. 처음에는 갈 곳도 모르고 갔지만 하나님께서 인도하신 곳은 가나안이었습니다.

이것이 소수의 히브리 민족에서 거대한 이스라엘 민족으로 발전하는 역사의 시작이었습니다. 그러나 그가 당장에 큰 민족을 이루었던 것은 아닙니다. 하나님께서 약속하셨던 아들도 금방 주시지 않았습니다. 아브라함이 소명 받을 때 나이가 75세였는데, 그때부터 하나님의 말씀을 믿고 약속의 씨를 기다렸습니다. 무려 10년 동안 기다려도 주시지 않자 나름대로 인간적인 방법을 모색했습니다. 아내 사라의 몸종인 하갈을 통하여 아들을 얻은 것입니다. 그가 이스마엘입니다. 아브라함의 나이 86세 때의 일입니다.

그러나 하갈의 아들은 하나님이 약속하신 아브라함의 씨가 아니었습니다. 오히려 그로 인하여 가정의 불화만 생겼습니다. 약속을 기다리며 오래 참지 못했던 아브라함의 명백한 실수요 불신앙의 결과였던 것입니다.

그런데 히브리서 기자는 아브라함의 실수와 불신앙은 거론하지 않고 그가 오래 참아 약속을 받았다고 합니다. 어떻게 이해해야 할까요? 아브라함은 믿음의 조상으로 불리는 사람입니다. 그러나 실수가 전혀 없었던 것이 아닙니다. 성경의 행간에 숨은 뜻을 살펴보면 처음 소명 받고 길을 떠날 때 장성한 조카 롯의 가족을 데리고 갔던 것도 하나님의 명령을 어긴 것이었습니다. 가나안에 흉년이 들자 이집트로 내려간 것도 명백한 실수였고, 그곳에서 자기의 목숨을 부지하고자 아내를 누이라고 속인 것은 아주 치욕적인 실수였습니다. 아내의 몸종에게서 아들을 낳은 것도 실수였고, 오랜 기다림 끝에 백세에 아들을 얻자 그 아들에게 푹 빠져서 하나님과의 관계가 소원해졌던 것도 실수였습니다.

이렇게 놓고 보면 아브라함은 실수투성이의 사람이었습니다. 실수의 원인은 하나님에 대한 불신앙이었다고 해석할 수도 있는 상황입니다. 그러나 하나님은 그를 당신이 택하신 민족의 조상으로 삼아주셨습니다. 이러한 실수들이 문제가 되지 않는 것은 아닙니다. 하지만 그 실수들을 통하여 아브라함의 믿음이 더욱 깊어졌다는 긍정적인 면을 보셨던 겁니다.

그 믿음의 절정이 바로 이삭 제물 사건입니다. 하나님께서 아브라함을 부르시고 네 민족을 창대하게 해주겠다는 약속을 하신 지 25년 만에 그 민족의 씨가 되는 이삭을 주셨습니다. 아브라함의 나이 100세, 그의 아내 사라의 나이 90세 때의 일입니다. 그 기간이 연단의 기간이었던 것입니다.

기도할 때, 하나님께서 세 가지의 응답을 주신다고 합니다. 하나는 즉시 이루어지는 응답입니다. 우리의 기도와 하나님의 뜻이 딱 맞아떨어졌을 때 일어나는 일입니다. '그래 내가 다 준비해놓고 네가 기도할 때만 기다렸다' 이러면서 바로 주시는 것입니다. 두 번째는 미루었다가 주시는 응답입니다. 아직 때가 안 된 것이죠. 아니면 그 응답 이전에 다른 무엇인가가 필요한 경우입니다. '그래 내가 그 기도 들어줄 건데 조금만 기다려' 또는 '네가 그 응답 받으려면 이것부터 해야 해! 그 뒤에 해줄게' 또는 '네 기도가 내 생각과 조금 달라, 조금만 수정해봐 그럼 바로 해 줄게' 이러한 경우들입니다. 세 번째는 거절하시는 응답입니다. 하나님의 뜻과 다른 기도, 개인의 자랑이나 욕심이나 정욕을 채우기 위해 구하는 기도, 이런 기도는 거절하시지만 그것도 기도의 응답입니다.

여기서 아브라함의 기도는 두 번째 경우였을 것입니다. 그의 믿음이 좀 더 자란 후에, 실수가 줄어들고 원숙한 신앙의 경지에 이른 후에 하나님께서 그에게 아들을 주셨습니다. 그런데 그 아들이 소년이 되었을 때, 그토록 사랑하는 아들을 번제물로 바치라는 황당한 명령을 내렸습니다. 얼마나 가슴 아픈 일입니까? 자기 목숨보다 더 사랑하는 아들, 눈에 넣어도 아프지 않을 것 같은 귀한 아들을 자기 손으로 죽여야 합니다. 너무나도 끔찍한 일입니다. 아브라함의 마음이 어떠했을까요? 그런 상황에서도 그는 아무에게도 내색하지 않고 묵묵히 길을 떠납니다. 하나님께 제물로 바칠 아들을 데리고 하나님께서 지시하신 산으로 갑니다. 제단을 쌓고 거기서 이삭을 잡으려고 했습니다. 바로 그때, 하나님의 사자가 그에게 말씀하셨습니다.

사자가 이르시되 그 아이에게 네 손을 대지 말라 그에게 아무 일도 하지 말라 네가 네 아들 네 독자까지도 내게 아끼지 아니하였으니 내가 이제야 네가 하나님을 경외하는 줄을 아노라(창세기 22:12)

'내가 이제야 네가 하나님을 경외하는 줄을 아노라!' 이 한마디의 말씀이 아브라함의 믿음에 대한 합격통지서입니다. '이제 너는 확실히 믿음의 조상이 될 자격이 있구나!' 이런 말씀입니다. '이제는 너와 약속했던 모든 복을 너에게 주고 너와 약속한 대로 너를

번성하게 할 것이다!'

히브리서 저자가 이 말씀을 통하여 전달하려는 메시지는 분명합니다. 우리 하나님은 반드시 약속을 지키시는 분이라는 것입니다. 하지만 그 약속을 이루어주시기 전에 먼저 우리의 믿음을 보신다는 것입니다.

이 말씀을 깊이 묵상하면 아브라함이 하나님의 인정을 받은 두 가지 믿음의 지표를 알 수 있습니다. 그중 하나는 말씀 가운데 드러나 있고, 다른 하나는 말씀의 행간에 있습니다. 말씀 가운데 드러나는 것은 오래 참음입니다. 오래 참음 가운데 아브라함이 하나님의 합격을 받게 된 결정적인 계기는 이삭의 번제사건입니다.

이 사건의 핵심은 순종입니다. 그것이 바로 말씀의 행간에 숨어있는 믿음의 지표입니다. 하나님은 아브라함에게 복 주시기 위해 그의 순종을 바라셨고, 아브라함은 순종하여 약속을 받았습니다.

하나님의 약속을 믿고 그 약속을 이루어 복 받고 번성하는 방법은 오래 참고 순종하는 것입니다. 그것이 하나님께 인정받는 믿음의 비결이요 응답의 전제 조건이기도 합니다. 어떠한 상황에서라도 참고 순종하여 하나님께 인정받고 하나님께서 이루어주시는 약속의 결실로 더 행복한 믿음의 삶을 누리시기를 축복합니다.

열네 번째 이야기

두려움을 이기게 하시는 하나님

사람이 무섭습니다.

군에서 두 번째 휴가를 나왔을 때 부모님은 고향인 영등포를 떠나 남양주에 살고 계셨습니다. 미사리가 바로 내다보이는 그곳에 큰형의 별장이 있었고, 부모님은 별장지기가 되신 것입니다. 버스 정류장에서 내리면 빨리 걸어도 한 시간 이상 걸어 들어가야 했습니다. 휴가복귀를 앞두고 부모님을 뵙기 위해 다시 그곳에 갔습니다. 버스에서 내릴 때 이미 밖은 완벽한 칠흑이었습니다.

겨우 방향을 잡아서 어둠 속을 걷는데, 저만치 앞에 누가 서 있습니다. 거리가 가까워지자 그가 저에게 말을 겁니다. "어디까지 가세요?" 목소리가 아주 예쁜 자매입니다. "예, 수석리까지 가는데요." 엉겁결에 대답하니까, 자기 집이 그 근처인데 같이 갈 수 없겠냐고 묻습니다. 전방에서 철책 근무하느라 여자는 고사하고 민간인 남자도 못 보던 처지의 군인이 마다할 이유가 없었습니다.

그런데 영문을 알 수 없었습니다. 캄캄한 밤에 그 적막한 길을 생면부지의 남자, 그것도 군인에게 길동무가 되어달라는 것입니다. 어느 정도 길을 가다가 그 까닭을 알게 되었습니다. 길 왼편에 커다란 공동묘지가 있었습니다. 괴괴한 달빛 속에, 긴 공동묘지가 이어지고 오른편은 끝없는 논두렁입니다. 혈기왕성한 젊은 군인이었던 저도 만약 혼자 이 길을 갔다면 소름이 오싹 끼쳤을 만한 분위기였습니다.

그렇게 한참을 가서 공동묘지를 지나고 어느 정도 가다가 이 자매의 발걸음이 늦어집니다. 영문을 몰라서 같이 발걸음을 늦추니까 자매가 말합니다. "먼저 가세요." "아, 예 벌써 댁에 다 오셨나요?" 자매가 아니라고 대답합니다. "그럼 계속 같이 가시죠." 다시 권하자 이 자매가 단호하게 대답합니다. "아니에요. 아저씨 먼저 가세요. 아까는 공동묘지가 너무 무서워서 같이 가자고 한 건데, 이제는 아저씨가 무서워서 같이 못 가겠어요."

영혼의 공포와 육신의 공포

이 자매가 묘지를 통해 느낀 무서움은 영혼의 공포였습니다. 그러나 그 묘지를 벗어나면서 저를 통해, 즉 낯선 남자를 통해 느낀 두려움은 해코지에 대한 불안감, 즉 육신의 공포였을 것입니다. 이렇게 볼 때, 영혼의 공포가 육신의 공포보다 훨씬 큰 두려움을 가져다준다는 것을 생각할 수 있습니다. 다시 말해서, 이 자매가 묘지를 통해 느껴지는 영혼의 공포에 휩싸여 있을 때 그녀에게 필요한 것은 자기를 지켜줄 수 있는 다른 존재였습니다. 돈도 필요 없었고, 책임감도 필요 없었고, 체면 따위도 다 필요 없었습니다. 그저 지나가는 남자에게 매달려 그 공포에서 벗어나기를 바라는 하나의 가냘픈 영혼이었습니다. 그 남자가 자기를 해코지할 수도 있다는 몸의 두려움은 느끼지도 못하였던 것입니다. 그때 그 길을 지나던 저는 그 자매가 절실히 필요로 하는 동반자였습니다. 현역 군인 신분의 든든한 경호원이요, 백마 탄 왕자였습니다.

그러나 묘지를 벗어나면서, 그 자매에게서 영혼의 두려움이 사라지고 난 후에는 칠흑 같은 어둠 속에 외진 곳에서 함께 있는 생면부지의 남자로 돌아오게 되었던 것입니다. 그래서 자기를 해코지할 수도 있는 육체적 두려움의 대상으로 보게 된 것입니다.

왕이여 우리가 섬기는 하나님이 계시다면 우리를 맹렬히 타는 풀

무불 가운데에서 능히 건져내시겠고 왕의 손에서도 건져내시리이다 그렇게 하지 아니하실지라도 왕이여 우리가 왕의 신들을 섬기지도 아니하고 왕이 세우신 금 신상에게 절하지도 아니할 줄을 아옵소서 (다니엘 3:17~18)

이제껏 살아오는 동안 언제 어떤 일이 가장 두려웠습니까? 그 일을 기억하고 있습니까? 아니면 등줄기에서 식은땀이 흐르고 오금이 저릴 정도로 두려워해야 할, 두려워할 수밖에 없는 상황이었는데 오히려 전혀 두렵지 않았던 경험을 해보신 일이 있습니까? 당연히 두려워해야 할 상황에서 두려워하지 않는 두 가지 이유가 있습니다.

하나는 신앙입니다. 구약성경 다니엘서에 나오는 다니엘의 세 친구가 있습니다. 사드락, 메삭, 아벳느고! 믿음이 충만했던 그들이 금으로 만든 신상에게 절할 것을 거부한 이유로 화형을 당하게 되었습니다. 우리는 어쩌다 뜨거운 것만 스쳐도 소스라치게 놀라고, 손에 물집이라도 잡히면 호들갑을 떱니다. 그런데 다니엘의 세 친구는 불에 타죽게 된 것입니다. 이 상황이 얼마나 두려웠겠습니까? 그러나 그들을 아끼는 마음이 극진해서 마지막으로 기회를 주겠다는 느부갓네살 왕의 마지막 회유에 당당히 대꾸합니다. "절하지 않을 것입니다." 하나님께서 우리를 구해주지 않으셔도,

그것은 우리의 죽음을 통해 이루시려는 하나님의 뜻이 있기 때문이요, 우리에게는 하나님 나라에 예비해 두신 처소가 있음을 우리가 확신하기에, 우리는 왕의 신들에게 절하지 않겠노라! 그들의 믿음과 확신이 두려움을 이겨내는 힘의 원천이 되는 것입니다.

그 후에 다니엘도 하나님께 기도했다는 이유로 사자 굴에 던져졌습니다. 그의 마음에 두려움이 전혀 없었을까요? 그렇지 않았을 것입니다. 아무리 견고한 믿음이 있다고 해도 솔직히 내면의 두려움이 전혀 없지는 않았을 것입니다. 그러나 그는 자신의 생명이 사라지게 되는 마지막 순간까지도 태연했고 담대했습니다. 하나님에 대한 믿음의 확신이 있었기 때문입니다. 그 믿음대로 다니엘은 털끝 하나 다치지 않고 사자 굴에서 무사히 나왔습니다.

물론 이러한 위기에 빠졌던 신앙의 위인들이 모두 살아났던 것은 아닙니다. 예수 그리스도의 열두 제자 중에 요한을 제외한 열한 제자가 모두 순교했습니다. 초대교회의 콜로세움에서 굶주린 사자에게 죽임을 당한 순교자들도 있고, 우리나라 선교 초기 새남터에서 참수를 당한 천주교인들도 부지기수이며, 해방과 전쟁의 회오리 속에서 순교를 통해 영광 돌린 분들도 많이 있습니다. 하지만 그들도 모두 담대하게 순교했습니다. 신앙의 담대함은 분명히 두려움을 이기는 힘이 될 수 있는 것입니다.

두려움을 이기는 갈급함

두려워해야 할 상황에서 전혀 두려워하지 않는 또 다른 경우는 두려움을 넘어서는 갈급함입니다. 아예 신앙이 없거나 그리 신앙이 깊지 않음에도 불구하고 두려움을 극복한 경험이 있다면 그것은 분명히 그 두려움을 넘어서는 갈급함, 간절함이 있었기 때문이라는 것입니다. 이를테면 우리 부모의 부모님들의 경우, 의원이 있는 읍내까지 가려면 산 고개 두세 개를 넘어야 하는 첩첩산중 시골마을에 살면서, 한밤중에 아이가 아프면 그 아이를 들쳐업고 깊은 산 속을 한걸음에 내달렸다는 이야기를 많이 듣습니다.

그래서 네 아버지가 죽지 않고 살아서 너를 보게 되었다는 전설과 같은 이야기를 할머니 할아버지에게 들은 기억이 있습니다. 아직 사나운 산짐승들이 남아 있을 때의 이야기입니다. 심지어 호랑이가 눈빛으로 길을 밝혀주어서 산을 넘었다는 믿을 수 없는 이야기도 전해오고 있습니다.

해외토픽에서 사자 우리에 머리가 끼인 아들을 구하기 위하여 두꺼운 쇠창살을 맨손으로 휘어버린 어머니의 이야기를 본 일이 있습니다. 그 후에 그 어머니의 장력을 시험해본 결과, 전혀 그런 힘을 가지고 있지 않았다고 합니다. 평소에는 감히 엄두도 못 낼 험한 길을 달리게 하는 힘, 평소에 전혀 가지고 있지 않은 괴력을 발휘하게 되는 힘, 모두 자식에 대한 사랑의 힘입니다.

두려워하지 말라 내가 너와 함께 함이라 놀라지 말라 나는 네 하나님이 됨이라 내가 너를 굳세게 하리라 참으로 너를 도와 주리라 참으로 나의 의로운 오른손으로 너를 붙들리라(이사야 41:10)

두려움은 '두려워하다'의 명사형이며 공포와 같은 말입니다. 그러니까 두려움과 공포는 거의 같은 의미라고 볼 수 있는 것입니다. 세상에는 두려움, 공포, 겁나는 일들이 많이 있습니다.

예일대학의 존 도널드 교수는 사람의 마음속에 있는 두려움을 일곱 가지로 분석했습니다.

첫째, 실패에 대한 두려움입니다.
가장 많은 사람이 가장 크게 두려워하는 것이 바로 실패에 대한 두려움이라고 합니다.
둘째, 이성에 대한 두려움입니다.
이것은 가장 흔하면서도 정상적인 가정을 만들기 위해서는 누구나 겪어야 하는 통과의례와 같은 두려움입니다.
셋째, 자기 약점이 드러날까 하는 공포에서 오는 자기방어에 대한 두려움입니다.
이 두려움의 결과로 오는 행동이 외식일 수 있습니다.

넷째, 타인을 믿을 수 없는 신뢰 상실에 대한 두려움입니다.

불신의 골이 깊어질수록 두려움은 증오로 바꾸어지게 됩니다.

다섯째는 생각하는 것에 대한 두려움입니다.

생각이 많아지면 두려움도 더 커집니다.

여섯째는 말하는 것에 실수가 있을까 하는 두려움입니다.

그래서 침묵은 금이요 웅변은 은이라는 격언이 있습니다.

일곱째는 홀로 있기가 두렵다는 것입니다.

인간은 사회적 동물입니다. 그러기에 정상적인 사고를 가지고 있는 인간이라면 누구도 홀로 있기를 즐거워하지 않습니다. 그래서 혼자 있게 만드는 것 자체가 무서운 징벌의 수단이 되고, 왕따와 같은 사회적 문제가 생기기도 하는 것입니다.

교회의 권사님이 소천하신 후에 얼마 되지 않아 그분의 딸에게서 전화가 왔습니다. 혹시 집에 와서 예배를 드려줄 수 없겠느냐고 물었습니다. 그래서 무슨 일이 있느냐고 했더니 밤에 너무 무서워서 잠을 제대로 못 자고 있다는 것입니다. 그래서 아내와 심방전도사님과 함께 가서 예배를 드리고 왔습니다. 얼마 후에 안부 전화를 했더니 평안하게 잘 지내고 있다고 합니다. 사랑하는 어머니를 떠나보낸 후에 홀로 남았다는 상실감이 두려움의 모습으로 나타난 것인데, 유가족에게 흔히 있을 수 있는 일입니다.

존 도널드 교수가 분석한 일곱 가지의 두려움 중에서 어떤 경험을 해보셨습니까? 성령 충만하기에 두려움 따위는 전혀 모르십니까? 만약 그렇게 생각한다면 성령보다 교만의 영이 더 크게 자리 잡고 있지 않은지 살펴봐야 합니다. 두려움은 이기는 것이지 없는 것이 아닙니다. 누구라도 두렵지 않은 것이 아닙니다. 믿음 있는 자에게는 두려움이 존재하지 않는 것이라면 하나님께서 두려워하지 말라고 거듭 말씀하실 이유도 없었을 것입니다.

그러니까 두려움이 없는 사람은 없습니다. 그러나 그것을 이겨야 합니다. 하나님은 말씀을 통하여 두려움을 이기는 힘을 주셨습니다. 이 말씀을 잘 붙잡아야 합니다. 내가 너와 함께 한다는 말씀에서 우리는 임마누엘 하나님을 만날 수 있습니다.

임마누엘은 성자 하나님이신 예수 그리스도의 다른 이름이며 하나님이 우리와 함께하신다는 뜻입니다. 삼위일체 하나님께서 임마누엘 하나님으로 또 성령님으로 늘 우리와 함께하신다는 사실을 믿어야 합니다. 이 믿음이 힘이 되는 것입니다.

그런데 우리와 함께하시는 임마누엘 하나님이 우리에게 놀라지 말라고 하십니다. 하나님의 존재를 인식하면 놀랄 수밖에 없는데, 그 놀라움은 반가움일 수도 있습니다. 하지만 그보다는 또 다른 의미의 두려움일 수 있는데, 그것이 바로 영적 두려움입니다.

베드로가 느낀 두려움

누가복음 5장에 게네사렛 호숫가에서 말씀하시는 예수 그리스도와 고기잡이 하는 어부들의 모습이 나옵니다. 예수께서 베드로의 배에 올라 말씀을 전파하신 후에 베드로에게 그물 내릴 곳을 알려주십니다. 밤새도록 수고하고도 고기를 한 마리도 잡지 못했던 베드로가 예수님께서 말씀하신 곳에 그물을 내리자 그물이 찢어질 정도로 많은 고기를 잡게 되었습니다. 그러자 베드로가 어떤 행동을 보였는지 성경이 말하고 있습니다.

시몬 베드로가 이를 보고 예수의 무릎 아래에 엎드려 이르되 주여 나를 떠나소서 나는 죄인이로소이다 하니 이는 자기 및 자기와 함께 있는 모든 사람이 고기 잡힌 것으로 말미암아 놀라고 세베대의 아들로서 시몬의 동업자인 야고보와 요한도 놀랐음이라 예수께서 시몬에게 이르시되 무서워하지 말라 이제 후로는 네가 사람을 취하리라 하시니(누가복음 5:8~10)

주님의 이적을 보고 놀라며 영적 두려움에 떨었던 베드로와 야고보, 요한이 예수님의 말씀대로 사람을 취하는 복음의 어부가 되었습니다. 하나님이 함께하시면 두려운 것이 없습니다. 우주의 창조주이며 만물의 주관자이신 하나님께서 함께하시는데 무슨 두려움이 있겠으며, 능히 못 할 일이 어디 있겠습니까?

세상은 우리에게 문제를 주고, 어떤 문제는 두려움을 주기도 합니다. 하지만 하나님을 의지하는 자에게는 어떠한 문제도 두려움이 될 수 없습니다. 풀어내면 그뿐입니다.

하나님께서 우리를 도와주시고 오른손으로 붙들어주겠다는 말씀도 우리에게 힘을 주는 말씀입니다. 그런데 분명히 알아야 할 중요한 진리가 있습니다. 하나님은 무엇을 해주시는 분이 아니라 할 수 있도록 도와주시는 분이라는 사실입니다. 하나님은 두려움을 없애주시는 분이 아니라 두려움을 이길 수 있게 해주시는 분입니다. 마찬가지로 우리가 처한 문제를 직접 해결해주시는 분이 아니라 우리가 그 문제를 해결할 수 있도록 도와주시는 분입니다.

그 하나님을 의지하세요. 그래서 세상이 주는 모든 두려움을 이겨내시기 바랍니다. 그것이 가장 복된 삶입니다.

인간의 몸으로 오신 예수님도 우리의 죄악을 대신 갚아주시기 위하여 십자가의 두려움을 이겨내야 하셨습니다. 이러한 주님의 사랑을 기억하면 임마누엘 하나님의 힘으로 세상을 이기고 두려움을 이겨낼 수 있습니다. 하나님을 믿고 전적으로 의지하면 하나님께서 두려움을 떨쳐내고 모든 문제에서 이길 수 있도록 도와주시고 붙들어 주신다는 사실을 믿으시기를 축복합니다.

열다섯 번째 이야기

나의 힘이신 하나님

융통성과 정직함의 차이

우즈베키스탄이 소련에서 분리 독립한 후에 그 나라에 여러 차례 다녀왔는데, 그곳에서 들은 이야기입니다. 우즈베키스탄의 여름은 무척 건조합니다. 그래서 한낮에 땅에 물을 뿌려주는 스프링클러 시설이 잘 설치되어있습니다.

우리나라 대우자동차가 우즈베키스탄의 수도 타슈켄트에 세운 우즈벡 대우자동차 회사에는 대형 살수차가 있었습니다.

매일 낮 두 시가 되면 넓은 공장을 살수차가 돌아다니며 물을 뿌려줍니다. 그런데 어느 여름날, 소나기가 왔습니다. 낮에 잠깐 지나가는 비가 온 것도 아니고 아침부터 저녁까지 줄기차게 들이부었습니다. 마치 하늘에 구멍이 난 것 같은 날이었습니다. 그런데 낮 2시가 되자 어김없이 살수차가 나타났습니다. 평소와 똑같이 공장 이곳저곳을 다니며 물을 뿌렸습니다.

공장 책임자가 차를 막아 세우고 기사에게 이야기합니다. "지금은 비가 오고 있으니까 물을 뿌리지 않아도 됩니다." 그러자 살수차 기사가 이렇게 대답합니다. "저는 매일 오후 2시에 물을 뿌리기로 회사와 계약을 했습니다. 비가 오고 안 오고는 제가 알 바가 아닙니다." "그래도 오늘은 비가 오고 있으니까 물을 뿌릴 필요가 없는 겁니다." "아닙니다. 저는 물을 뿌려야 월급을 받을 수 있습니다." "물을 안 뿌려도 일한 것으로 쳐주겠습니다." "그것은 정당한 대가가 아닙니다. 저는 일을 하고 돈을 받아야 합니다. 물론 물을 안 뿌리고 돈을 안 받을 수도 있지만, 그러기에는 저의 부양가족이 너무 많습니다."

우리의 상식으로는 이해가 안 되는 일입니다. 지나치게 융통성이 없는 사람이고, 지혜롭지 못한 것 같습니다. 그러나 제가 만났던 우즈베키스탄 사람들은 대부분 이러한 사고방식을 가지고 있었습니다. 지혜롭지 못하거나 융통성이 없는 것이 아니라 지나칠 정도로 정직한 사람들이었습니다.

세상에서는 정직한 사람을 바보 같다고 합니다. 하지만 가장 강한 힘은 바로 정직한 언행에서 나온다는 것을 알아야 합니다. 그것이 하나님께서 우리에게 주신 속성, 즉 우리의 본성에 가장 가까운 것이기 때문입니다.

정직과 공의가 이기는 세상

세상에서 정직을 이기는 힘은 아무것도 없습니다. 물론 겉으로 보기에는 정직하게 살면 손해를 많이 봅니다. 때에 따라서 적당히 거짓말도 하고, 이런저런 수단도 부리고, 불의와 부정과 적당히 타협도 하고, 그래야 이렇게 험한 세상에서 살아갈 수 있다고 합니다. 하지만 성경은 그렇게 말씀하지 않습니다.

공의는 행실이 정직한 자를 보호하고 악은 죄인을 패망하게 하느니라(잠언 13:6)

공의는 하나님의 의를 의미하는 것입니다. 행실이 정직하다는 것은 공의를 지킨다는 말과 같습니다. 사탄은 악을 행하라고 부추기지만, 악을 행하는 죄인을 지켜주지는 않습니다. 그러나 하나님은 행실이 정직한 자를 반드시 보호해주십니다. 잠언은 정직한 사람이 존경 받는다는 사실을 가르쳐주는 말씀입니다. 정직한 사람의 진실만이 하나님의 기쁨이 될 수 있습니다.

진실한 입술은 영원히 보존되거니와 거짓 혀는 잠시 동안만 있을 뿐이니라(잠언 12:19)

진실한 입술은 정직한 자의 말을 의미합니다. 정직한 자만이 영원한 삶을 누릴 수 있다는 교훈입니다. 그러나 거짓말을 하는 자는 내세를 기약할 수 없습니다. 물론 그들에게도 그들이 가게 되는 내세가 있지만 그곳은 끔찍하고 비극적인 영생의 자리입니다. 정직하지 못한 자에게는 내세가 없는 편이 훨씬 나을 것입니다.

거짓말하면 마음이 편합니까? 절대로 그렇지 않습니다. 거짓으로 사는 사람에게는 평안함이 없습니다. 늘 불안합니다. 거짓말을 밥 먹듯 하는 사람이 있습니다. 숨 쉬는 것 빼고는 아무것도 믿을 수 없는 사람, 이런 사람과 오래 이야기하다 보면 자기가 한 말을 자기가 뒤집는 것을 볼 수 있습니다. 조금 전에 한 말과 지금 하는 말이 다릅니다. 그때그때 임기응변으로 말을 바꾸어나갑니다. 그럴 때 계속 말을 시키면 안절부절 어쩔 줄 모르다가 말이 엉켜버립니다. 그 영이 불안하기 때문에 일어나는 현상입니다.

하나님은 거짓말을 싫어하십니다. 중요한 사실은 거짓말도 습관이라는 것입니다. 선의의 거짓말도 자꾸 하면 늘게 되는 것입니다. 그러다 보면 선의가 아닌 거짓말도 스스럼없이 하게 됩니다. 이 세상에 선의의 거짓말은 없습니다. 그것은 거짓말을 정당화해서 죄의식을 없애기 위한 사단의 전략일 뿐입니다.

잠시의 부귀영화를 위하여 마음이 불안한 삶을 살겠습니까? 아니면 지금 당장은 덜 입고 덜 먹는 한이 있더라도 세상에서 떳떳하고, 마음 편한 삶을 살기 원하십니까? 이 책을 읽는 모든 분들이 사단의 모략인 거짓 영을 몰아내고 늘 정직한 하나님의 자녀로 살아갈 수 있기를 소망합니다.

내가 두 가지 일을 주께 구하였사오니 내가 죽기 전에 내게 거절하지 마시옵소서 곧 헛된 것과 거짓말을 내게서 멀리 하옵시며 나를 가난하게도 마옵시고 부하게도 마옵시고 오직 필요한 양식으로 나를 먹이시옵소서 혹 내가 배불러서 하나님을 모른다 여호와가 누구냐 할까 하오며 혹 내가 가난하여 도둑질하고 내 하나님의 이름을 욕되게 할까 두려워함이니이다(잠언 30:7~9)

야베스가 이스라엘 하나님께 아뢰어 이르되 주께서 내게 복을 주시려거든 나의 지역을 넓히시고 주의 손으로 나를 도우사 나로 환

난을 벗어나 내게 근심이 없게 하옵소서 하였더니 하나님이 그가 구하는 것을 허락하셨더라(역대상 4:10)

잠언에 기록된 아굴의 기도는 우리가 이 땅에서 소망해야 하는 가장 참된 삶의 모습을 찾을 수 있게 하는 말씀입니다. 아주 현실적이면서 바람직한 기도라고 할 수 있습니다.

반면에 역대 상에 기록된 야베스의 기도는 복에 복을 더하여 주시기를 구하는 기도입니다. 많은 사람이 야베스의 기도를 좋아합니다. 하지만 저는 아굴의 기도를 더 좋아합니다. 야베스의 기도를 응답해주신 하나님께서 이렇게 소박한 아굴의 기도를 응답해주시지 않을 리가 없습니다.

하나님은 우리의 기도를 들어줄 수 있는 능력이 있는 분입니다. 힘이 있는 분입니다. 하나님의 힘을 믿으세요!

우리가 예수를 아무리 열심히 믿어도 빌 게이츠와 같은 갑부가 될 가능성은 크지 않습니다. 그러나 하나님의 힘! 그분의 능력이 함께 한다면 원하는 분야에서 인정받고 존경받는 인생을 살 수 있다는 사실을 믿어야 합니다. 하나님이 나의 힘이 되어주시기를 바란다면 먼저 하나님께 부끄러움이 없는 정직한 삶을 살아야겠죠. 그리고 하나님께 기도하며 하나님의 힘을 믿어야 합니다.

나의 힘이신 하나님

세상에는 굴곡이 많이 있습니다. 인생에 지뢰밭이 많이 있습니다. 언제 어디서 무슨 일을 당할지 아무도 알 수 없습니다. 이런 세상일수록 연약한 나의 힘을 믿기보다는 측량할 수 없을 만큼 무한한 하나님의 힘을 믿어야 합니다.

나의 힘이신 여호와여 내가 주를 사랑하나이다 여호와는 나의 반석이시요 나의 요새시요 나를 건지시는 이시요 나의 하나님이시요 내가 그 안에 피할 나의 바위시요 나의 방패시요 나의 구원의 뿔이시요 나의 산성이시로다(시편 18:1~2)

이 말씀에는 긴 표제어가 있습니다.

여호와의 종 다윗의 시, 인도자를 따라 부르는 노래, 여호와께서 다윗을 그 모든 원수들의 손에서와 사울의 손에서 건져주신 날에 다윗이 이 노래의 말로 여호와께 아뢰어 이르되

표제어의 내용으로 볼 때, 승리를 기념하는 의식이나 어떤 큰 명절 행사에 감사시로 사용되었던 것 같습니다. 다윗은 1절에서 하나님이 나의 힘이라는 고백을 한 후에 2절부터 50절까지 그 이유를 풀어서 설명하고 있습니다. 그러기 때문에 내가 하나님을 사랑할 수밖에 없음을 고백하고 있는 것입니다.

  회사와 야간 신학교를 다니면서 평신도로 머물러 있던 청년 시절, 목사님이 자취방에 걸으라고 성구 액자를 하나 주셨습니다. 거기 이 말씀이 씌어있었습니다. "나의 힘이 되신 여호와여 내가 주를 사랑하나이다(개역성경)" 이 말씀을 보는 순간! 온 몸에 전율이 흘렀습니다. 하나님이 나의 힘이십니다! 다시 한 번 고백하지 않을 수 없었습니다. 이 험한 세상에서 하나님이 늘 나의 힘이 되어주셨던 것입니다. 그날 이후, 제 삶에 가장 큰 힘이 되어 준 말씀이 바로 이 말씀입니다. 나의 힘이 되어주겠다는 약속의 말씀을 주신 하나님께서 정말 큰 힘이 되어주셨습니다. 약속대로 나의 힘이 되어주신 하나님을 어떻게 사랑하지 않을 수 있습니까?

  하나님을 모르던 시절, 오히려 예수를 비방하고 예수 믿는 친구들의 속을 긁어놓는 것을 취미로 여겼던 시절에도 하나님은 여러 번 삶의 위기에서 저를 건져주셨습니다. 하나님을 알게 되고, 하나님을 믿게 되고, 미처 세례도 받지 못했으면서 군종으로 섬기게 되고, 교회학교와 청년회의 임원으로 섬기고, 신학교에 다니고, 신학대학원을 마치고 목사가 되기까지, 또 다른 한 편, 열네 살의 어린

나이에 가장 밑바닥에서 시작한 사회생활이 롤러코스터와 같은 삶의 부침을 계속하며 신분상승을 거듭한 끝에 중견 의류회사와 국내 굴지의 디자인회사 대표이사의 자리에까지 오를 수 있었던 과거의 삶을 돌아보니까 모두 내가 한 것 같았지만, 실상 내가 한 것이 하나도 없었습니다. 모두 하나님께서 해주신 것이죠. 인격적인 주님을 만난 후에 오직 말씀 안에서 길을 묻고, 길을 찾고, 정직하게 그 길만 따라가니까 하나님께서 붙잡아주시고 끌어주시고 밀어주셨습니다. 하나님께서 다 해주셨던 것입니다.

저도 그때그때는 느낄 수 없을 때가 많았습니다. 왜 이렇게 일이 안 풀리느냐고 하나님을 원망할 때도 있었습니다. 짜증을 낼 때도 있었습니다. 그런데 얼마만큼 가다 돌아보면 보입니다. 하나님께서 무슨 일을 하셨는지! '이것은 내가 한 일이 아니야!' '내가 어떻게 이런 일을 할 수 있었지?'

저만이 아닙니다. 누구나 다 마찬가지입니다. 지금 어렵고 힘들어도 하나님만 믿고 정직하게 하나님의 말씀대로 따라가 보세요. 어느 정도 세월이 흘렀을 때 돌아보세요. 분명히 깜짝 놀라게 될 것입니다. 하나님께서 나의 힘이 되어주셨거든요. 하나님의 친구로 선택되었다면 반드시 하나님께서 그렇게 해주신다는 사실을 믿고 그 은혜를 누리시기를 축복합니다.

열여섯 번째 이야기

정직한 자를 세우시는 하나님

거짓말로 자초한 위기

어느 늦은 저녁, 한 아주머니가 닭고기를 사기 위해 정육점에 들렀습니다. 막 문을 닫으려던 정육점 주인에게 생닭 한 마리를 달라고 합니다. 정육점 주인이 냉장고를 열어보니 딱 한 마리가 남아 있습니다. 아주머니 앞에서 닭을 저울에 달았습니다. 3kg이 나왔습니다. 아주머니는 조금 더 큰 것으로 달라고 합니다.

주인은 닭이 이것밖에 안 남았다고 정직하게 말하려고 했지만 어떻게든 남은 닭을 팔아버리고 싶은 욕심도 생겼습니다. 그래서 닭을 들고 냉장고로 갔습니다. 냉장고 문을 열고 그 닭을 집어넣고 다른 닭을 꺼내는 척하면서 그 닭을 다시 꺼냈습니다. 어차피 닭은 한 마리밖에 없었습니다. 주인은 그 닭을 다시 들고 와서 시치미 뚝 떼고 저울 위에 올려놓았습니다. 그리고 자신의 새끼손가락으로 닭을 올려놓은 저울판을 지그시 눌렀습니다. 그러자 똑같은 닭인데도 4kg이 나왔습니다. 아주머니는 조금의 의심도 없이 달라고 했습니다. 돈을 받고 닭을 봉투에 담아 아주머니에게 주었습니다. 그것을 받아들고 돌아서서 문을 나서려던 아주머니가 다시 돌아서며 정육점 주인에게 이렇게 말합니다. "아저씨, 아무래도 이것 가지고는 모자라겠어요. 아까 그 닭도 주세요."

한결같지 않은 저울 추는 여호와께서 미워하시는 것이요 속이는 저울은 좋지 못한 것이니라(잠언 20:23)

속이는 말로 재물을 모으는 것은 죽음을 구하는 것이라 곧 불려다니는 안개니라(잠언 21:6)

정육점 주인이 그 위기를 어떻게 극복했을지는 알 수 없습니다.

분명한 것은 그가 아주머니의 이 말 한마디에 엄청나게 당황했을 것이라는 사실입니다. 순간적으로 식겁하고 등에서 식은땀이 주르륵 흘러내렸을 것입니다. 왜 그래야 했습니까? 정직하지 못했기 때문입니다. 정직하려고 했던 마음을 순간의 욕심이 눌러버린 것입니다. 처음부터 닭이 한 마리밖에 안 남았다고 했더라면 좋았을 것을, 남은 닭 한 마리를 팔아버리려는 욕심에 거짓을 말하고 저울을 속인 대가를 톡톡히 치를 수밖에 없었을 것입니다.

저울을 속이는 것은 양심을 속이는 일입니다. 하나님께서 아주 싫어하시는 일입니다. 사람이 사람을 속이는 것도 싫어하시는 하나님입니다. 그런데 사람이 하나님을 속인다면 어떻게 되겠습니까? 그로 인하여 감당하게 될 대가는 정육점 주인과는 비교가 되지 않을 것입니다. 우리는 늘 정직하게 살아야 합니다. 그것이 우리를 향하신 하나님의 뜻입니다. 속이고 거짓말하는 것은 아무리 사소하게 보이는 일일지라도, 분명한 죄악입니다. 상대방은 속일 수 있어도 그 모습을 보고 계신 하나님은 속일 수 없습니다.

거짓말의 나비효과
나비효과는 나비의 날갯짓처럼 작고 보잘것없는 변화가 폭풍우와 같은 커다란 변화를 유발하는 효과를 가져 올 수 있다는 의미입니다. 예컨대 지금 일산의 호수공원에서 나비 한 마리가 날갯짓으로 공기에 작은 파장을 주면, 그 파장이 점점 더 퍼져나가서 한 달 후에 남지나해에서 큰 폭풍우로 바뀌어 다시 우리나라를 찾아올 수 있다는 것입니다. 이게 나비효과 이론입니다.

같은 예로 아주 무심코 한 거짓말 하나가 예기치 않은 반응을 불러올 수 있습니다. 그 거짓말이 전혀 생각하지 않았던 문제를 일으키게 되어 그 거짓말을 합리화하기 위하여 수백 수천의 다른 거짓말을 만들어내야 하는 지경에 이를 수 있다는 것이죠. 그것이 결국 한 사람의 인생을 망쳐버릴 수도 있는 것입니다.

세상의 어떤 사람들은 정직이 밥 먹여 주냐고 합니다. 적당히 거짓말도 할 줄 알고 수단도 좀 부릴 줄 알아야지 융통성 없이 꽉 막힌 사람이 이 살벌한 경쟁 사회에서 어떻게 살아남느냐고 합니다. 하얀 거짓말이라는 말도 있습니다. 긍정적인 효과를 위하여 선의로 하는 거짓말이라는 뜻입니다. 그러나 거짓말은 거짓말일 뿐입니다. 현실적으로 예수를 믿는다고 하면서도 그렇게 사는 사람들이 많이 있습니다. 교회에서는 믿음이 좋은 것 같지만 세상에서는 적당히 타협하면서 사는 사람들을 많이 봤습니다. 어떤 면에서는 저도 한때 그런 신앙생활을 했습니다. 그러나 그런 삶의 태도가 하나님 보시기에는 어떨까요?

하나님은 교회에만 계신 분이 아닙니다. 하나님은 어디에든지 다 계신 분입니다. 하나님의 손길이 미치지 않는 곳은 없습니다. 그런데 우리의 삶 가운데 하나님을 피할 수 있는 곳이 있다고 생각하십니까? 그렇지 않다면! 하나님이 어느 곳에든지 계시면서 나를 보고 감찰하신다는 사실을 알면, 죄를 지을 수 없죠. 거짓말을 어떻게 하겠습니까? 정직한 것이 지극히 당연한 일입니다.

교회만 다니는 사람

교회 다니면서도 거짓말을 밥 먹듯이 하는 사람들이 있습니다. 이런 사람은 교회만 다니는 사람입니다. 하나님은 안 믿는 사람이라는 뜻입니다. 본인은 하나님을 믿는다고 생각하겠지만 하나님은 그렇게 인정하지 않으실 것이 틀림없습니다. 아무리 교회 봉사를 열심히 하고 아무리 헌금을 많이 해도 소용없습니다. 그러니까 거짓말하면 안 됩니다. 어떤 상황에서도 항상 정직해야 합니다. 하나님이 다 보고 계시기 때문입니다. 내 안에 계신 성령님이 강력하게 권유하는 일이기 때문입니다. 하나님의 형상을 닮아가기 위해서는, 하나님의 성품대로 살기 위해서는, 어떻게든 나를 실족시키려고 온갖 모략을 꾸미는 사단의 궤휼을 물리치기 위해서는 항상 정직해야 합니다. 정직하지 않은 믿음은 없습니다. 그러기에 거짓말하는 자의 믿음은 인정될 수 없는 것입니다.

온 이스라엘이 헤브론에 모여 다윗을 보고 이르되 우리는 왕의 가까운 혈족이니이다 전에 곧 사울이 왕이 되었을 때에도 이스라엘을 거느리고 출입하게 한 자가 왕이시었고 왕의 하나님 여호와께서도 왕에게 말씀하시기를 네가 내 백성 이스라엘의 목자가 되며 내 백성 이스라엘의 주권자가 되리라 하셨나이다 하니라 이에 이스라엘의 모든 장로가 헤브론에 있는 왕에게로 나아가니 헤브론에서 다윗이 그들과 여호와 앞에 언약을 맺으매 그들이 다윗에게 기름을 부어 이스라엘의 왕으로 삼으니 여호와께서 사무엘을 통하여 전하신 말씀대로 되었더라(역대상 11:1~3)

다윗이 이스라엘의 왕이 되는 장면입니다. 다윗은 천성이 정직한 사람이었습니다.

오만한 자들이 주의 목전에 서지 못하리이다 주는 모든 행악자를 미워하시며 거짓말하는 자들을 멸망시키시리이다 여호와께서는 피 흘리기를 즐기는 자와 속이는 자를 싫어하시나이다(시편 5:5~6)

그가 하나님의 마음을 알기 때문에, 하나님께서 싫어하시는 것을 알기 때문에 정직할 수 있었던 것입니다.

여호와께서 보시기에 정직하고 선량한 일을 행하라 그리하면 네 복을 받고 그 땅에 들어가서 여호와께서 모든 대적을 네 앞에서 쫓아내시겠다고 네 조상들에게 맹세하신 아름다운 땅을 차지하리니 여호와의 말씀과 같으니라(신명기 6:18)

거짓을 싫어하시는 하나님께서 정직한 자에게는 상을 베푸십니다. 정직한 사람의 공통점은 불의를 보면 참지 못한다는 것입니다. 다윗도 그랬습니다. 어린 소년이던 다윗이 블레셋의 거인 장군 골리앗에 맞섰던 이유입니다. 정직하게 살다 보면 세상에서 불이익을 당하는 일이 많이 있습니다. 다윗의 인생을 보면 그를 죽이려던 사울을 비롯해 많은 적이 있었습니다. 험난한 죽음의 고비들이 있었습니다. 조금 쉽게 돌아갈 기회도 있었습니다. 하지만 다윗은 항상 정직한 길을 택하였습니다. 그 길을 걷다보면 닥치게 될 뻔히 보이는 환난을 외면하지 않았습니다. 그렇게 정직한 길만 고집해온 그는 결국 모든 역경을 이겨내고 이스라엘의 왕이 되었습니다. 거짓이나 타협 없이 정직하고 공의롭게 살아온 결과로 마땅한 자리에 오르게 된 것입니다.

다윗 왕과 사울 왕

역대기 11장부터 29장까지는 다윗이 이스라엘의 왕이 되어 이스라엘을 다스린 기록입니다. 역대기는 제사장 에스라가 썼다고 알려져 있습니다. 그는 바벨론에서의 2차 포로귀환 때 백성을 이끌었던 민족의 지도자입니다. 모질고 험난한 포로생활을 경험하고, 황폐한 예루살렘으로 돌아온 이스라엘 백성에게 영광스러운 조국의 과거를 가르쳐주고, 이를 통하여 하나님을 믿는 신앙을 회복해 성전을 재건하고 민족의 영광을 재건할 수 있는 소망을 주기 위하여 이 책을 썼습니다. 그래서 이스라엘 역사상 가장 위대한 왕이었던 다윗의 일대기에 많은 부분을 할애하고 있습니다.

역대기 말씀을 보면 온 이스라엘이 헤브론에 모였습니다. 헤브론은 믿음의 역사가 깊은 도시입니다. 아브라함이 하나님의 지시하심을 따라 고향을 떠나 가나안에 들어간 후에 조카 롯과 분쟁이 생겼을 때, 그와 헤어져 다시 정착했던 곳입니다. 창세기 13장 18절을 보면 아브라함이 헤브론에 있는 마므레 상수리 수풀 위에서 여호와를 위하여 단을 쌓았습니다. 그리고 여기 있는 막벨라 굴에 아브라함과 그의 아내 사라, 이삭과 리브가, 야곱과 레아, 3대에 걸친 믿음의 조상 부부들의 묘가 있습니다. 또한 다윗이 처음 왕위에 올라 유다를 다스린 곳이기도 합니다.

이곳에 온 이스라엘이 모였다는 것입니다. 그들이 모인 이유는 그들이 이제까지 모시던 왕 사울이 죽었기 때문입니다. 하나님께

버림받고 다윗을 핍박하던 사울이 전장에서 아들과 함께 비참한 최후를 맞았습니다. 이스라엘에 큰 위기가 왔습니다. 아무리 못난 왕이라도 왕이 있을 때와 없을 때는 다르기 때문입니다. 왕이 없으면 이방 나라들이 가만히 있을 리가 없습니다. 빨리 왕을 세워야 합니다. 이렇게 절박한 상황에서 온 이스라엘이 왕으로 택한 이가 바로 다윗이었던 것입니다. 그래서 다윗을 왕으로 모시기 위해 그가 머물던 헤브론으로 몰려갔던 것입니다.

그들이 다윗에게 말합니다. "당신은 이미 왕의 자질을 갖추고 있습니다. 사울이 왕으로 있을 때에도 실질적으로 이스라엘을 이끄신 분이 당신이셨습니다. 그뿐 아니라 여호와 하나님께서 이미 당신을 왕으로 세우셨다는 것을 우리가 알고 있으니 이제 우리의 왕이 되어주십시오"

사무엘상 16장에 보면 다윗이 하나님의 명령을 받은 사무엘로부터 기름 부음을 받고 성령의 충만함을 받게 됩니다. 그 뒤로 블레셋의 거인 장수 골리앗을 죽이고 백성들의 신망을 얻게 됩니다. 그러나 그 일로 사울 왕의 질투와 시기를 받게 되었습니다. 백성들이 사울은 천천이요 다윗은 만만이라고 외치면서 다윗을 더 높이는 바람에 고난의 가시밭길을 걸으며 숱한 죽음의 고비를 넘겨야 했습니다. 그리고 마침내 이스라엘의 왕이 된 것입니다.

온 이스라엘이 헤브론에 모인 후에 다시 이스라엘의 장로들이 다윗을 찾아 헤브론으로 모였습니다. 다윗을 왕으로 모시기 위해서였습니다. 다윗이 그들의 청을 승낙하고 왕의 자리에 올랐습니다. 장로들이 다시 다윗에게 기름을 부었습니다. 이렇게 모든 절차가 끝나고 다윗이 이스라엘의 두 번째 왕이 된 것입니다.

다윗이 온 백성의 전폭적인 지지를 받으며 왕의 자리에 오를 수 있었던 가장 큰 힘이 무엇일까요? 하나님께서 이미 예정하셨기 때문일 것입니다. 하지만 사울도 하나님께서 예정하셨던 왕이었습니다. 그러나 교만과 불순종으로 인해 하나님의 버림을 받았습니다. 하지만 다윗은 끝까지 순종했습니다. 정직한 순종의 결과 그는 가장 위대한 왕이 되었습니다.

사실 이들에게는 공통점이 많습니다. 다윗은 10대에 기름 부음을 받고, 30세가 되어 왕위에 올랐습니다. 사울과 다윗이 똑같이 하나님의 택하심으로 사무엘을 통한 하나님의 기름 부음을 받았고, 똑같이 성령의 충만을 입었고, 똑같이 40년 동안 왕위에 머무르면서 이스라엘을 다스렸습니다. 그런데 똑같은 것이 또 있었습니다. 왕의 자리에 머물러 있으면서 흉악한 죄를 범한 것입니다.

소유욕이 강한 사울은 왕이 된 후에 교만해져서 사무엘의 업무를 가로채는 월권의 죄를 범했습니다. 그뿐 아니라 다윗을 시기하여 하나님의 기름 부음 받은 자를 죽이기 위하여 집요하게 쫓아다녔습니다. 베냐민 지파인 놉의 제사장이 다윗을 도와준 사실을 알고 난 후에 분기탱천하여 놉 제사장 85명을 살육했습니다.

다윗도 만만치 않았습니다. 그는 전장에 나간 부하 장수 우리야의 아내 밧세바와 간음을 하고, 우리야를 죽을 수밖에 없도록 만들었습니다. 인간적인 판단으로는 다윗의 죄가 더 흉악할 수도 있습니다. 그런데 죄를 짓고 난 후 그들의 운명이 극명하게 갈립니다. 사울은 영적으로 버림받았고, 결국 비참한 최후를 맞게 되었습니다. 그러나 다윗은 용서받았습니다.

무슨 이유로 이렇게 반대의 결과를 낳게 되었을까요? 사울은 끝까지 핑계를 대며 변명했고, 다윗은 죄를 자복하고 회개했던 것입니다. 바로 그 차이입니다. 다윗도 분명히 흉악한 죄를 지었습니다. 그러나 하나님은 핑계 대지 않고 죄를 인정하며 회개하는 다윗의 정직함을 보신 것입니다.

하나님은 모든 것을 다 아시는 분입니다. 변명이 필요 없습니다. 핑계거리 만들 생각은 아예 하지 마세요. 잘못하지 말아야 하지만, 잘못 했을 때는 그냥 잘못했다고 고백하고 회개해야 합니다. 하나님은 속일 수도 없고 숨길 수도 없는 분입니다.

하나님을 피하여 숨을 수 있습니까?

아담과 하와가 선악과를 먹고 나무 사이로 숨었습니다. 하지만 하나님은 찾아내셨습니다. 가인이 아벨을 죽이고 아무도 본 사람이 없는 줄 알았습니다. 하지만 하나님이 보셨습니다. 하나님이 늙은 아브라함에게 아들이 있을 거라고 하시자 장막 안에 있던 사라가 비웃었습니다. 그 웃음조차 아시는 분이 하나님입니다. 니느웨로 가라는 명령을 받은 선지자 요나가 다시스로 도망합니다. 그리고는 하나님께 들키지 않으려고 배의 가장 밑바닥에 숨었습니다. 하지만 하나님은 간단하게 찾아내셨습니다.

죄를 짓고 숨고 도망하는 것만 알고 찾아내시는 하나님은 아닙니다. 모조리 죽어 마땅한 인간의 무리 속에서 의인 노아를 찾아내어 인류에 대한 당신의 사랑을 이어가셨습니다. 우상을 섬기는 갈대아 우르의 어리석은 자들 가운데에서 믿음의 조상으로 세울 만한 아브라함을 찾아내셨습니다. 이새의 많은 아들 중에서 가장 천덕꾸러기였던 막내 다윗을 찾아내신 분도 하나님이었습니다.

만군의 여호와께서 함께 계시니 다윗이 점점 강성하여 가니라(역대상 11:9)

하나님은 천지를 만드시고 만물을 지배하십니다. 우리에게 주실 모든 은혜를 예비하시고 마치 새벽빛과 같이, 우리가 필요할 때 어김없이 찾아오시고 우리와 함께 계신 분입니다. 그런 하나님께서 다윗과 함께 계셨습니다. 그때 다윗에게 어떤 복이 임하였습니까? "다윗이 점점 강성하여 가니라"

함께 하시는 하나님! 우리를 강하게 세우시는 하나님께서 우리에게도, 이 책을 읽는 모든 독자들에게도 복을 베푸시고 다윗과 같이 강하게 세워주시기를 소원합니다. 다윗은 정직한 삶을 통하여 온 백성의 추대를 받아 왕이 되었고, 정직한 순종을 통하여 하나님이 주신 복을 누렸습니다.

여호와여 의의 호소를 들으소서 나의 울부짖음에 주의하소서 거짓되지 아니한 입술에서 나오는 나의 기도에 키를 기울이소서(시편 17:1)

다윗의 기도와 같이 정직한 기도를 하나님께서 들으십니다. 다윗의 삶과 같이 정직한 삶을 하나님께서 구원해주십니다. 하나님께서 우리와 함께 계시면 우리의 삶이 후퇴하지 않습니다. 절대로 더 연약해지지 않습니다. 그렇다고 제자리에 그대로 머물러 있지도 않습니다. 아니 오히려 날마다 더욱 더 강성해집니다. 만군의 여호와 하나님께서 다윗과 함께 계셨듯이 당신과 함께 계십니다.

열일곱 번째 이야기

확신을 주시는 하나님

선한 말의 선한 효과

디자인회사를 경영할 때, 남양주 구리에 문을 연 엘지백화점의 오픈 데코를 맡아서 진행했습니다. 백화점이 성공적으로 오픈 행사를 마친 후에 디자인 팀장이 감사의 뜻으로 식사초대를 했습니다. 외곽순환도로를 타고 구리에서 좌측으로 내려가면 바로 엘지백화점이 있는데 깜박 길을 잘못 들어 우측으로 갔습니다.

그때는 제가 직접 운전하는 일이 별로 없어서 방향감각에 문제가 있었던 것입니다. 주말이라 차가 많아서 차로변경도 할 수 없었습니다. 그렇게 잘못 들어간 우측은 구도로인데 길이 아주 좁고 복잡했습니다. 시간은 늦고 마음이 급해졌습니다. 그래서 신호위반을 하고 어디서든 유턴을 하려는 마음에 급차선 변경을 했습니다. 그러다가 앞을 보니까 교통경찰이 저를 향하여 손을 흔들고 있습니다. 갓길에 차를 대라는 거죠. 차를 세우자 교통경찰이 다가왔습니다. 제가 먼저 큰 소리로 인사를 했습니다.

　　"더운데 수고 많으십니다. 그런데 제가 여기 초행길이라 그러는데 엘지 백화점이 어디 있습니까?" 백화점이 문을 열기 전부터 수없이 다녔으니까 초행길은 아닙니다. 하지만 제가 직접 운전하는 게 처음이었으니까 거짓말도 아니었습니다. 그런데 그 경찰의 반응이 뜻밖이었습니다. "그러세요? 엘지 백화점은 뒤쪽으로 유턴해서 1KM 정도만 가시면 됩니다." 이렇게 대답한 뒤에는 분명히 면허증을 달라고 해야 할 차례인데 길 좌우를 살펴보더니 "여기서 정상적으로 유턴하려면 한참 내려가야 하거든요. 잠깐만 기다리세요." 그리고는 찻길로 성큼성큼 들어가더니 줄지어 달리던 양방향의 차를 다 막아 세우고 수신호를 보냅니다. 교통경찰의 도움으로 유턴을 하고 무사히 약속시간에 맞춰 갈 수 있었습니다. 교통경찰의 수신호를 받았으니까 불법유턴은 아니었지만 그렇게 운전을 하면서 제 마음이 굉장히 혼란스러웠습니다. '요즘 세상에 저런 경찰이 있나?' 하지만 나름대로 이해되는 부분이 있었습니다. 그렇게 복잡한 도로에서 범칙금을 발부하기 위해 차를 세우면 많은 운전자들이 먼저 화를 내거나 짜증을 부리고 시비조로 나옵니다. 그런데 나이로 볼 때 적어도 삼촌뻘 이상 되는 사람이 아주 깍듯하고 예의바르게 인사를 하면서 길을 물어보니까 순간적으로 기분이 좋아졌던 모양입니다. 그래서 스티커를 끊어야한다는 사실은 까맣게 잊어버린 것 아닐까요? 이것이 말의 효과죠.

말 한마디에 천 냥 빚을 갚는다는 속담도 있듯이 선한 말은 분명히 선한 결과를 낳습니다. 물론 악한 말은 악한 결과를 낳습니다. 그러면 거짓말은 어떤 결과를 낳을까요? 거짓말은 또 다른 거짓말을 낳습니다. 하나의 거짓말을 진실로 포장하기 위해서는 또 다른 여러 개의 거짓말이 필요합니다. 하지만 거짓말은 반드시 드러나게 됩니다. 그러니까 하면 안 됩니다. 거짓말만이 아니라 악한 말, 왜곡된 말, 남을 비방하는 말, 이렇게 부정적인 말들은 영원히 추방되어야 합니다. 그것은 사회지도층은 물론이고 평범한 보통사람들의 세상에서도 존재하면 안 되는 악의 뿌리입니다.

그러나 요즘 세상이 어떻습니까? 눈만 뜨고 입만 열면 비방과 왜곡과 악한 말과 거짓말이 난무하는 세상이 되어버렸습니다. 평범한 사람들보다는 정치인, 종교인, 권력자들이 마치 손바닥으로 하늘을 가리려는 듯 거짓말을 하고 떼를 쓰는 세상입니다. 윗물이 이 모양이니 아랫물은 어떨지는 안 봐도 알 수 있는 것입니다. 정말 안타까운 노릇입니다. 누가 이런 세상을 만들었는지는 중요하지 않습니다. 지금이 이런 세상이라는 현실이 중요하고, 지금부터라도 우리가 앞장서며 힘써 노력할 때 이런 세상이 사라질 수 있다는 사실을 믿는 믿음이 중요합니다. 그리고 그렇게 실천하는 것이 중요한 일입니다. 하나님의 자녀로 부름을 받은 우리에게는 어두움으로 가득 찬 세상에 밝은 빛을 비추는 사명이 있습니다.

이같이 너희 빛이 사람 앞에 비치게 하여 그들로 너희 착한 행실을 보고 하늘에 계신 너희 아버지께 영광을 돌리게 하라(마태복음 5:16)

'차카게 살자'는 문구는 조폭이라고 불리는 사람들의 팔뚝에서 자주 볼 수 있는 문신입니다. 하지만 그들은 실제로는 착하게 살지 않습니다. 그러나 착하게 살아야 하는 것은 예수 그리스도께서 우리에게 주신 지상명령입니다. 사실 착하게 사는 것은 쉽지 않은 일입니다. 늘 양보해야 하고 이해해야 하고 배려해야 하고, 그러다 보면 이렇게 험난한 경쟁 사회에서 뒤처지는 것 아닌가 하는 생각이 들 수도 있습니다. 세상에서 착하게 사는 것도 힘들지만 믿음의 공동체 안에서 착하게 사는 것도 쉬운 일만은 아닙니다.

하나님의 심판 계획

몇 해 전 기도하기 위하여 강화 갈멜산 기도원에서 한 주간을 머물 때의 일입니다. 이해하고 양보하다가 원하지 않는 강제금식을 한 일이 있었습니다. 식사시간에 일찌감치 줄을 섰음에도 불구하고 떼로 몰려와서 아무 거리낌 없이 앞으로 파고들고, 사흘은 굶은 모양으로 식판 가득히 반찬을 담아가는 어느 교회 권사들 때문에 밥과 반찬이 다 떨어져서 굶어야 했던 것입니다. 그 교회는 서울에서 가장 먼저 세워진 대형 장로교회입니다. 그런데 기도원에 몰려와서 보여주는 그 권사들의 몰상식한 언행은 그야말로 목불인견이었습니다. 그들을 보면서 이런 생각을 했습니다. 당회와 공동의회를 거치면서 수많은 성도 중에서 가려 뽑고 또 임직하기 전에 장시간 교육받아서 귀한 직분을 받은 대형교회 권사들의 소양이 기껏 저 정도라면 과연 한국교회에 소망이 있는 것인가!

그러나 너희는 택하신 족속이요 왕 같은 제사장들이요 거룩한 나라요 그의 소유가 된 백성이니 이는 너희를 어두운 데서 불러내어

그의 기이한 빛에 들어가게 하신 이의 아름다운 덕을 선포하게 하려 하심이라 너희가 전에는 백성이 아니더니 이제는 하나님의 백성이요 전에는 긍휼을 얻지 못하였더니 이제는 긍휼을 얻은 자니라 (베드로전서 2:9~10)

　하나님께서 이 땅에 사람을 지으셨습니다. 그렇게 지음을 받은 사람의 수가 많아지자 그들이 함께 모여 처음 한 일이 하나님과 같이 되어보자는 것이었습니다. 그래서 바벨탑을 쌓았는데, 하나님께서 그것을 흩으시므로 나라와 민족이 갈라지게 되었습니다. 그래서 수많은 나라와 민족이 생겼을 때 하나님께서 그중에서 한 민족을 택하셨습니다. 사실 따지고 보면 모두가 하나님의 백성이지만, 이미 세상의 죄악 속에 깊이 잠겨있었기에 모두 하나같이 하나님을 잊은 채, 하나님이 누구인지 알지도 못한 채 돌이킬 수 없는 멸망의 길을 걷고 있었습니다. 마치 홍수로 세상을 심판하시던 노아의 때와 다르지 않았습니다. 그러나 하나님이 홍수의 심판 이후에 이제 다시는 물로 심판하지 않겠다고 약속하셨습니다.

　하지만 이토록 악독하기만 한 인간 세상을 그냥 두고 보고 있을 수는 없었기에, 다른 방법으로 심판의 계획을 세우셨습니다.

　바로 당신의 아들 예수 그리스도를 통한 심판과 구원의 계획이었습니다. 당신의 아들을 이 땅에 보내셔서 그분을 믿는 자들은 구원을 받아 영원한 하늘나라에서 불멸의 복락을 누리게 하시고, 하나님의 아들을 믿지 않는 자들은 영원한 불멸의 불 못 속에 던져지는 심판을 받게 하시는 계획이었습니다. 이것이 구약의 일관된 예언이었고, 신약 이후에 이루어지고 있는 일입니다. 이 원대한 구원 사역을 이루기 위하여서는 먼저 당신의 아들이 사람의 몸을 입고 오기 위한 육신의 줄기가 필요하였습니다. 더 크게 보면 하나님의 아들이 오시기에 합당한 한 민족이 필요하였던 것이죠. 그 영광스러운 민족을 택하기 위하여서는 먼저 그 민족의 조상이 될 수 있는 의인이 필요했습니다. 그래서 하나님이 한 사람을 택하셨습니다. 그가 바로 믿음의 조상이 된 아브라함입니다. 그는 아주 평범한 사람이었습니다. 나이도 많았습니다. 75세의 나이에 하나님의 부름을 받고 자기의 고향인 갈대아 우르를 떠났습니다. 갈대아 우르는 우상의 소굴이었기에 하나님은 새로운 민족을 세울 새로운 땅으로 가게 하셨습니다.

하나님은 아브라함의 아들 이삭을 통하여 당신의 택함을 확증하셨고, 그의 아들 야곱을 통하여 이 민족에게 이스라엘이라는 이름을 주셨습니다. 이집트에서의 종살이와 광야의 고난을 거치면서, 탁월한 지도자 모세와 여호수아를 통하여 강대한 민족을 세우셨습니다. 그 민족의 줄기에서 다윗이 태어나 강성한 왕국을 이루었고, 결국 구약의 예언대로 다윗의 후손으로 예수 그리스도의 탄생이 이루어진 것입니다.

하나님이 택하신 백성

이것이 구약의 관점에서 본 택하신 족속 이스라엘의 내력입니다. 그러면 베드로 사도가 말하는 택하신 족속도 같은 의미일까요? 아니죠. 베드로 사도를 통하여 선포되고 있는 택하신 족속은 예수 그리스도의 피를 통하여 택함을 받은 영적 이스라엘입니다. 나라와 민족을 떠나서 흑인이든 백인이든 황인이든, 늙은이든 어린이든, 예수 그리스도를 믿는 모든 주의 자녀들은 이미 하나님에 의하여 택함을 받은 고귀한 신분이 됩니다. 그 자녀가 바로 우리입니다. 우리 누구도 자신의 의지로 하나님을 택한 것이 아닙니다. 우리는 순수하게 하나님의 택함을 받은 자녀들입니다.

'왕 같은 제사장들'이라는 말씀은 왕이신 하나님께 속한 제사장들이라는 말씀입니다. 구약시대에는 직접 하나님 앞에 나아갈 수 없었습니다. 반드시 제사장을 거쳐야만 했습니다. 제사장을 통하여 제물을 드리고 제사장이 하나님께 드리는 제사를 통하여 죄 사함을 받아야 했습니다. 그러나 예수님께서 십자가에 돌아가실 때 인간과 하나님 사이를 가로막고 있던 지성소의 휘장이 둘로 갈라졌습니다. 막힌 담이 허물어졌습니다. 이때부터 하나님을 믿는 모든 백성은 직접 하나님 앞에 나아갈 수 있게 되었습니다. 직접 제사를 드릴 수 있게 되었다는 것입니다. 하나님이 우리 모두를 왕 같은 제사장이요 거룩한 나라요 그의 소유가 되어 구별된 백성으로 삼아주신 것입니다.

　우리는 하나님의 각별한 사랑을 받는 특별한 존재가 된 것입니다. 하나님께서 불꽃과 같은 눈동자로 당신의 자녀가 된 우리를 돌보아주십니다. 이것이 얼마나 영광스럽고 기쁜 일입니까? 우리가 받고 누리게 된 특별한 권리를 감히 누가 빼앗을 수 있겠습니까? 하나님께서 왜 우리에게 이러한 은혜를 베풀어주셨습니까? 이유는 간단합니다. 우리가 당신의 아들 예수 그리스도를 믿기 때문입니다. 당신의 아들을 믿는 우리를 당신의 아들과 다름없는 자녀로 삼아주기 위하여 하나님께서 하신 일을 보세요. 먼저 우리를 어두운 곳에서 불러내셨습니다.

우상의 소굴 갈대아 우르에서 아브라함을 불러내신 하나님!
애굽에서 종살이하던 이스라엘 민족을 불러내신 하나님!
이스라엘의 광야생활 동안 만나와 메추라기로 먹이신 하나님!
그들을 젖과 꿀이 흐르는 가나안으로 인도해주신 하나님!
감당할 수 없는 죄로 멸망한 이스라엘을 회복시키신 하나님!

이렇게 전능하신 하나님께서 죄악 세상에 빠져있던 우리를 불러내신 것을 믿어야 합니다. 이 사실을 믿는다면 먼저 감사드려야죠. 그리고 묵상하세요. 왜 하나님께서 이렇게 못난 죄인을 위하여 당신의 아들을 보내주셨는지! 왜 하나님께서 이렇게 못난 죄인을 택하셔서 당신을 위한 거룩한 제사장으로 삼아주셨는지!

하나님의 목적이 있기 때문입니다. 하나님의 부르심에는 합당한 까닭이 있습니다. 하나님의 일방적인 은혜로 택함을 받고, 어두운 곳에서 밝은 곳으로 나온 우리입니다. 영원히 죽을 수밖에 없던 죄악의 몸에서 영생의 구원을 누리게 된 우리입니다. 그뿐만이 아닙니다. 하나님의 특별한 존재로 세움을 받게 된 우리입니다. 우리를 이렇게 사랑해주신 그 귀한 하나님의 사랑과 은혜를 베드로 사도는 '아름다운 덕'이라고 표현하고 있습니다.

하나님의 아름다운 덕을 어두운 세상에 널리 선포하라는 의미입니다. 그 빛을 보고 나오는 자들은 우리와 같은 하나님의 자녀가 될 수 있습니다. 그들도 택하신 족속이요, 왕 같은 제사장이요, 거룩한 나라요, 그의 소유된 백성이 되는 것입니다. 그 놀라운 은혜, 영원한 구원의 비밀을 널리 전하라는 말씀입니다.

왜 그렇게까지 해야 합니까? 나만 구원받았으면 되었지 굳이 그렇게까지 할 필요가 있습니까? 나만 신앙생활 열심히 하면 되는 것이지 무엇을 하러 시간 버리고 돈 버리고 믿지 않겠다는 사람들을 쫓아다니면서 믿음을 강요해야 합니까? 그것은 신앙을 구걸하는 꼴이 아닌가요? 우리 주님을 너무 싸게 취급하는 것은 아닌가요? 나름 똑똑하다고 하는 분들이 이런 반론을 제기하기도 합니다. 하지만 깊이 생각해보세요. 내가 예수 믿기 전에 과연 어떤 모습이었는지 아세요? 당신은 어떤 모습이었습니까?

하나님의 긍휼하심

이스라엘 민족도 전에는 선민이 아니었습니다. 갈대아 우르에 살던 아브라함의 아버지 데라는 우상을 만들어 팔고 우상을 섬기는 사람이었습니다. 그러나 하나님은 70여 평생을 우상의 가정에서 살아온 아브라함을 부르셨습니다. 그를 믿음의 조상으로 삼아주셨습니다. 그의 후손들이 모두 하나님의 백성이 될 수 있는 귀한 은혜를 주셨습니다. 오늘 우리도 본래는 하나님의 백성이 아니었습니다. 세상의 낙을 즐기던 사람들이었습니다. 그러나 하나님이 택하고 불러주셨습니다. 그 부르심에 응답하고 나왔기 때문에, 우리가 하나님의 백성이 될 수 있었던 것입니다.

긍휼히 여기는 자는 복이 있나니 그들이 긍휼히 여김을 받을 것임

이요(마태복음 5:7)

긍휼히 여기는 자의 복! 하나님의 백성은 당연히 하나님의 긍휼을 얻습니다. 그러나 우리가 하나님의 긍휼을 얻기 위해서는, 우리도 사람들을 긍휼히 여길 수 있어야 합니다. TV에서 나눔 프로그램을 많이 합니다. 광고도 많이 합니다. 그런 것을 볼 때, 왜 저런 방송을 자꾸 하는지 모르겠다는 생각이 들고, 채널을 돌려버린다면 아직 멀었습니다. 그러나 나도 모르게 울컥하는 마음이 든다면, 나도 모르게 전화기 들고 모금 ARS 번호를 누른다면, 그렇게까지는 않더라도 그들에게 연민의 마음을 느낀다면, 아주 잠시라도 그들을 위하여 기도하고 싶은 마음이 든다면 잘 훈련된 그리스도인이라고 볼 수 있습니다. 이것이 긍휼히 여기는 마음입니다.

그런데 이런 마음은 세상 사람들에게도 있습니다. 세상 사람들에게도 기본적인 하나님의 속성이 있기 때문입니다. 못 먹고 못 입고 육체적인 고생을 하는 사람들을 보고 긍휼히 여기는 마음은 누구에게나 있을 수 있는 것입니다. 하지만 참된 긍휼은 영적으로 무지한 사람들, 예수를 모르는 사람들, 세상에서 잘 먹고 잘 입고 산다고 내세의 소망 없이 희희낙락하는 사람들을 불쌍히 여기는 마음입니다. 하나님께서 당신의 백성에게 주시는 긍휼의 마음이 바로 이런 것입니다. 이 마음을 가지세요.

우리는 존귀한 사람들입니다. 하나님께서 우리를 택하셨기 때문입니다. 옛날에는 그렇지 않았지만, 하나님의 택함을 받으므로 하나님의 자녀가 되었습니다. 얼마나 큰 은혜입니까? 그런데 우리만 이러한 은혜를 누리면 되는 것일까요? 아니죠. 어두움에 빛을 선포하여 그 어두움 속에 있는 사람들을 끌어내야 합니다. 그들이 우리와 같은 하나님의 백성이 되게 하는 것이 우리가 해야 할 일입니다. 그들도 하나님 나라 백성이 될 수 있도록 긍휼의 마음으로 기도하며 전도해야 합니다. 그리고 그들에게 본이 될 수 있도록 착하게 살아야 합니다. 하나님의 백성답게 이전과 다르게 변화된 삶을 살아야 합니다.

예수를 믿지 않고 그리스도인을 박해하던 자에서 이방인의 사도가 된 바울의 변화를 보세요. 그 인생이 얼마나 아름답습니까? 우리도 주님의 자녀답게 아름다운 믿음의 삶을 살아야 합니다. 이것이 우리를 자녀로 삼으신 하나님의 소망입니다. 이러한 은혜가 충만하시길 축복합니다.

열여덟 번째 이야기

하나님의 꿈

하나님의 종이 되는 조건

이런 농담을 하는 목사들이 있다고 합니다. "당신 아들 어느 대학 보낼 거야?" "공부도 못하는데 신학교나 보내지 뭐." 아주 잘못된 농담이죠. 신학교는 공부 못하는 학생들의 피신처가 아닙니다. 영적 확신을 품고 헌신하기로 서원한 하나님의 종들이 모여 공부하는 선지학교입니다. 신학교에 가기 위하여서는 확실한 조건이 필요합니다. 무슨 조건일까요?

먼저 믿음이 좋아야 합니다. 어느 정도 좋아야 할까요? 제가 신학을 하겠다고 했을 때 절친한 선배 전도사님이 해주신 말씀이 생각납니다. 신학교에서 공부하고 생활하는 동안 다 까먹어도 남을 만한 믿음이 있어야 한다는 것이었습니다. 실제로 은혜를 많이 받았다고 덥석 서원하고 달려들었다가 하나님의 종은 고사하고 그나마 갖고 있던 믿음마저 다 까먹고 세상으로 돌아가서 기독교 안티로 탈바꿈하는 사람들이 적지 않습니다. 안타까운 일이죠.

신학교에서 하나님의 말씀을 배우며 세상에서 전도사로 살아가는 과정이 녹록치 않을 뿐 아니라, 오히려 상처받고 낙심할 일이 그만큼 많다는 것입니다. 신학교를 견디고 다녀도 목회 현장에서 동료들을 통하여, 또는 하나님의 말씀을 가르치는 교수를 통하여, 또는 학교의 모습을 통하여, 또는 소속되어 있는 교단의 정치를 통하여 못 볼꼴을 보게 될 때도 많이 있습니다. 신학을 공부하고 목회를 하면서 그 선배의 말이 참 적절하다는 생각을 했었습니다. 어느 곳이든 다 사람이 모인 곳이라 그런 것 같습니다.

신학교에 다니려면 꼭 필요한 또 한 가지 조건은 공부를 어느 정도는 해야 한다는 것입니다. 신학은 모든 학문을 집대성하는 깊고 오묘한 학문입니다. 신학 안에는 철학이 있고 인문학이 있고 사회학이 있고 역사학이 있고 음악이 있고 경영학이 있고 정치학이 있고 상담학이 있습니다. 무엇보다 중요한 사실은 하나님을 이야기하는 학문이라는 것입니다. 머리가 좋은데 공부를 안 했든, 머리가 나쁘든, 알지 못하면 할 수 없는 학문이 신학입니다.

그러나 믿음이 조금 연약하고 공부가 조금 약해도 다른 한 가지 조건만 확실히 갖추고 있다면 신학을 하고 목회의 길을 걷는 것이 꼭 불가능한 일은 아닙니다. 하나님의 종이 되기 위해 가장 큰 조건이 있다는 말씀이죠. 그것이 바로 꿈입니다. 그런데 그 꿈의 주체가 중요합니다. 그 꿈이 누구의 꿈이어야 하는 것인가 하는 뜻입니다. 하나님을 향한 나의 꿈, 주의 종이 되겠다는 꿈도 중요하지만 나를 향한 하나님의 꿈이 더 중요합니다. 나를 어떻게 쓰시겠다는 하나님의 계획을 확실하게 알아야 합니다.

하나님께서 모든 은혜 받은 백성을 다 목회자로 부르시지는 않으셨습니다. 은혜를 받으면 누구나 오지 선교사로 나가야 하는 것이 아닙니다. 하나님께서는 우리 각 사람에게 각각의 계획을 세우고 계십니다. 신학공부는 신학교를 다녀야 할 수 있겠지만 주의 종은 꼭 신학교를 다녀야 하는 것이 아닙니다. 하나님을 믿는 우리는 목회를 하든, 사업을 하든, 회사에 다니든, 집에서 가사 일을 하든, 모두 하나님의 종이기 때문입니다.

인생 길에 담긴 하나님의 뜻

세상을 잘 보세요. 얼마나 험하고 악합니까? 얼마나 많은 사람들이 서로를 할퀴며 서로에게 상처를 주고 상처를 받으며 이전투구를 벌이고 있습니까? 그러나 세상에 그래도 희망이 있는 것은 바로 우리와 같은 하나님의 사람들이 있기 때문입니다. 하나님을 믿고 예수님을 따르는 이들이 세상을 바로 세우고 세상의 빛과 소금이 되려고 애쓰는 덕에 이 악한 세상이 유지되고 있는 것이죠.

우리와 같은 사람들이 하나님의 자녀로서 믿음을 키우며 세상에 대한 바른 마음을 가질 수 있도록 함께 배우고 나누는 곳이 바로 교회입니다. 그러니까 교회는 하나님의 종들이 함께 배우고 성장하는 하나님의 선지 학교입니다. 우리는 교회공동체 안에서 서로에게 학생이 되며 교수가 되는 것입니다. 이것이 만인 제사장 시대에 바람직한 교회의 역할입니다.

교회를 통하여 하나님의 종으로 잘 훈련 받고 영적으로 거듭나면, 우리에게 향하신 하나님의 계획을 이루기 위한 삶을 살아야 합니다. 하나님께서 그 길을 주시는데 어떤 이에게는 고난을 통하여 계획을 이루게 하시고, 어떤 이에게는 비교적 평탄한 삶을 통하여 하나님과 동행하게 하십니다. 나에게 주어진 길이 고난의 길이든 활짝 열린 대로이든, 그 길에 담긴 하나님의 뜻이 있습니다. 그 길을 열심히 걸어간 자에게 주어지는 하나님의 복은 모두 같습니다. 영원한 내세의 복은 물론이요, 미래의 풍성한 복이 보장되어 있습니다. 당신을 향한 하나님을 꿈을 이루시기 바랍니다.

하나님의 꿈을 이룬 요셉

야곱의 아들 요셉은 하나님의 꿈을 이룬 사람입니다. 요셉이 꿈을 이룬 인물이라는 이야기를 많이 하는데, 성경을 아무리 찾아봐도 요셉의 꿈이 무엇인지, 그가 어떻게 자신의 꿈을 이루었다는 것인지 알 수 없었습니다. 꿈을 잘 꾸고, 또 남이 꾼 꿈을 잘 풀어준 것은 알겠는데, 그것은 말 그대로 꿈을 통한 계시이었거나 해몽이었던 것이지 요셉의 꿈은 아니었습니다.

요셉은 당시 최강대국이었던 이집트의 총리가 된 사람입니다. 그렇다면 처음부터 그의 꿈이 이집트의 총리대신이었겠습니까? 그가 비록 히브리 족장의 아들이었지만 당시 히브리 족속은 이집트 변방의 보잘 것 없는 무리에 지나지 않았습니다. 솔직히 족보도 없는 민족이었고, 민족이라고 부를 수도 없는 작은 무리였습니다. 그나마 요셉은 열두 아들 중에 열한 번째로 태어났습니다. 이런 신분으로 언감생심 세계 최강대국인 이집트의 총리가 되려는 꿈을 꾸었을 리는 없습니다. 그러나 결과적으로 요셉은 이집트의 총리가 되었습니다.

요셉은 수많은 고난과 역경을 이기고 이방인의 신분으로 최강대국의 총리에까지 오른 입지전적인 인물입니다. 요즘 말로 하면 꿈을 이룬 것이죠. 그런데 그가 무슨 꿈을 이루었습니까?

저는 깊은 묵상을 통해 요셉이 이룬 꿈이 무엇인지 주님께 여쭈어봤습니다. 그리고 그 답을 얻었습니다. 요셉이 이룬 꿈은 요셉의 꿈이 아닙니다. 하나님이 요셉을 통하여 당신의 꿈을 이루신 것이었습니다. 요셉은 어느 위치에서든 어떤 환경에서든 언제나 하나님을 경외하며 자기에게 주어진 조건을 가지고 최선을 다했습니다. 그러기에 하나님께서 그를 형통하게 해주셨고, 하나님의 꿈을 대신 이룬 하나님의 도구로 쓰임 받게 되었던 것입니다.

꿈을 해석하는 달란트

하나님은 당신이 만드신 우주만물과 피조물들을 통하여 당신의 경영을 이루시는 분입니다. 그 일을 위하여 여러 가지 도구를 사용하십니다. 말씀을 사용하시고, 천사를 사용하시고, 천지 만물을 적절히 사용하십니다. 특별히 하나님은 인간을 사용하십니다.

하나님은 요셉에게 꿈도 주셨지만, 꿈의 해석에 능한 달란트도 주셨습니다. 그 달란트로 억울하게 옥살이하던 시위대장 보디발의 옥에서 술 맡은 관원장과 떡 맡은 관원장의 꿈을 해몽하게 되는 것입니다. 요셉의 말대로 술 맡은 관원장은 사흘 만에 복직됩니다. 그리고 다른 한 사람, 떡 맡은 관원장은 요셉의 말대로 목이 잘리고 말았죠. 요셉의 해몽은 정확했습니다. 하나님은 꿈의 해석을 통하여 요셉을 높이시고 요셉의 삶을 통하여 당신의 꿈을 이루어가셨습니다. 결국 요셉의 삶은 자신의 꿈을 이루려는 삶이 아니었습니다. 그러나 그는 하나님의 인도하심 가운데 주어진 기회를 놓치지 않았던 사람입니다.

어느 날, 이집트의 왕 바로가 이상한 꿈을 꿉니다. 바로는 왕을 뜻하는 이집트식 명칭입니다. 이집트에는 박사와 술객들이 많았지만, 그들 중 누구도 바로의 꿈을 해석하지 못 했습니다. 그러다가 술 맡은 관원장의 추천으로 바로 앞에 선 요셉이 바로의 이상한 꿈을 완벽하게 풀어냈습니다 요셉은 지혜로운 대비책까지 제안하면서 바로의 인정을 받아 일약 이집트의 총리가 되었습니다. 소수민족인 히브리인으로 대제국 이집트의 총리가 되었습니다.

성경에 요셉이 처음 나오는 곳이 창세기 30장입니다. 그리고 37장부터 마지막 50장까지 주인공으로 등장합니다. 창세기의 어떤 인물도, 아담도, 노아도, 믿음의 조상 아브라함도 이삭도 야곱도 요셉보다 더 많이 나오지 않습니다. 그는 히브리의 족장이 아니었고 믿음의 조상으로 불리지도 않았지만 누구보다도 가장 확실하게 자기의 사명을 완수한 하나님의 사람이었습니다. 영적으로 실수가 없었고 일평생 여호와를 경외하는 믿음을 온전히 지켰습니다. 그 결과 열일곱 살에 형들에게 팔려 이집트의 노예가 되었던 험난한 인생여정을 거쳐 서른 살이라는 젊은 나이에 이집트의 총리가 되었고, 하나님께서 주신 지혜로 기근 속에서 근동의 모든 사람을 먹여 살리는 위대한 인물이 되었습니다. 요셉은 자기를 팔아먹은 형들도 용서하는 넓은 아량을 가진 인물이었습니다. 이미 하나님의 꿈, 자신에게 주어진 사명을 알았기 때문입니다.

요셉이 형들에게 이르되 내게로 가까이 오소서 그들이 가까이 가니 이르되 나는 당신들의 아우 요셉이니 당신들이 애굽에 판 자라 당신들이 나를 이곳에 팔았다고 해서 근심하지 마소서 한탄하지 마소서 하나님이 생명을 구원하시려고 나를 당신들보다 먼저 보내셨나이다(창세기 45:4~5)

그러나 이러한 요셉의 역사는 하나님께서 연출하시는 대 서사극에서 하나의 일화에 지나지 않습니다. 요셉에게는 다른 임무가 있었습니다. 요셉은 히브리 민족이 이집트를 통하여 더욱 큰 민족으로 거듭나는 일에 발판을 놓는 도구로 사용된 사람입니다.

여호와께서 아브람에게 이르시되 너는 반드시 알라 네 자손이 이 방에서 객이 되어 그들을 섬기겠고 그들은 사백 년 동안 네 자손을 괴롭히리니 그들이 섬기는 나라를 내가 징벌할지며 그 후에 네 자손이 큰 재물을 이끌고 나오리라(창세기 15:13~14)

하나님은 당신이 택하신 민족이 이집트에서 고난을 겪게 될 것을 예고하셨습니다. 그러나 하나님은 히브리 민족의 고통과 함께 축복도 약속하셨습니다. 스스로 하나님의 선민이라고 자부해왔지만 이집트를 비롯한 주변 국가들과 비교해 볼 때 작고 미미한 부족에 지나지 않았던 히브리 민족이 본격적으로 힘을 키우고 인구를 늘려서 큰 민족을 이룬 곳이 바로 이집트 땅입니다.

하나님이 아브라함에게 약속하신 하늘의 뭇별보다 많은 후손을 만들어내기 위하여서는 이집트라는 큰 나라에 가서 외연을 확대하는 일이 중요했던 것입니다. 바로 그 이집트 땅에서 히브리 족속이 이스라엘 민족으로 도약하는 기초를 놓은 사람이 요셉이었던 것입니다.

이러한 사실을 바탕으로 구약의 역사를 보면 하나님의 섭리하심이 얼마나 오묘한지 알 수 있습니다. 아무리 유능한 작가와 연출가도 따라갈 수 없는 각본과 설정입니다. 요셉 한 사람을 쓰시기 위하여 그 주변인들의 인생과 갈등까지, 예컨대 야곱과 라헬의 특별한 인연, 그로 인한 야곱의 편애와 수난, 이렇게 소소한 일까지 섬세하게 예비하시고 요셉을 도구로 만드셨습니다. 하나님은 이 역사 뒤에 모세를 사용하셨고, 다윗을 사용하셨고, 마침내 당신의 아들 예수그리스도까지 보내셨습니다.

하나님의 역사는 오늘도 여전히 진행형입니다. 오늘의 주인공은 바로 우리입니다. 우리도 하나님의 꿈을 이루기 위한 도구로 사용되고 있습니다. 마치 요셉과 그 주변인들처럼! 이 얼마나 영광스러운 일입니까? 하나님의 부르심에 순종하고 하나님이 주시는 메시지를 들으세요.

나는 비겁자 아브라함과 이삭을 믿음의 조상으로 만들었다. 나는 사기꾼 야곱도 믿음의 조상으로 만들었다. 나는 요셉을 통하여 히브리 민족이 강하게 도약할 수 있는 발판을 만들었다. 너도 내가 쓸 것이다. 지금 네가 어떤 처지에 있든지 절대로 낙심하지 말라 좌절하지 말라! 보라 이집트의 노예가 총리가 되었다. 내가 요셉을 도구로 사용하며 세상에서 높여주었듯이, 너도 세상에서 높여줄 것이다. 너도 요셉과 같이 나의 꿈을 이룰 나의 도구다. 너에게 맡겨진 나의 꿈을 이루고 나의 영원한 친구가 되어라!

열아홉 번째 이야기

하나님과 친구하기

친구와 대화하기

친구는 가깝게 오래 사귄 사이의 사람을 일컫는 단어입니다. 교류가 있는 비슷한 연배를 친구라고 부르기도 합니다. 또 아랫사람을 친근하게 부를 때 나의 친구라는 표현을 쓰기도 합니다. 결론적으로 친구는 친밀한 교제를 나누는 사이라고 할 수 있겠죠.

요즘 같은 세계화 시대에는 친구라는 개념이 더 포괄적으로 이해될 수 있습니다. 이를테면 페친, 트친, 남사친, 여사친 이런 말들이 있죠. 페이스북을 통하여 대화를 나누고 서로의 관심사를 공유하는 사람들끼리 서로 부르는 말이 페친입니다. 트친은 트위터를 함께 하는 사람들이죠. 이런 SNS 친구도 많은 세상입니다.

이런 인터넷 공간의 친구에게 나이는 별 의미가 없습니다. 열 살짜리 어린아이와 여든이 넘은 노인이 친구가 될 수도 있는 것이 세계화 시대의 특징이라고 할 수 있습니다. 그런데 이렇게 폭넓은 친구의 개념은 인터넷 공간에서만 존재하는 것이 아닙니다.

친구를 사전에서 찾아보면 여러 개의 유의어가 나오는데 그중에 교우가 있습니다. 교우는 교회 친구라는 말이죠. 좁은 의미로 보면 같은 교회를 섬기는 사람들을 가리키는 말입니다. 하지만 넓은 의미로 보면 예수 그리스도 안에서 교회에 출석하며 하나님을 섬기는 모든 성도를 교우라고 할 수 있습니다. 저와 독자 여러분은 모두 넓은 의미의 교우입니다. 여기는 나이 제한이 없습니다. 성별이나 학벌, 출신지도 따지지 않습니다.

사람에 따라 다르지만, 친구가 많을수록 사회생활이 더욱 활발해질 수 있습니다. 그런데 친구도 친구 나름입니다. 어릴 때 친하게 지내던 친구와 성장하면서 계속 친구 관계를 이어나가는 일은 아주 드뭅니다. 물론 요즘은 인터넷 덕분에 영영 이별하는 일은 없지만 그래도 어느 정도는 소원해지는 것이 현실입니다. 몸이 멀어지면 마음이 멀어진다는 옛말이 요즘이라고 안 통하는 게 아닙니다. 친구 관계를 유지하려면 가까이 지내는 게 좋습니다. 자주 보는 게 좋습니다. 같은 교회를 섬기는 교우들, 또는 같은 신앙의 친구들끼리는 될 수 있는 대로 자주 보는 게 좋습니다. 그래야 친구 중에도 으뜸가는 친구가 될 수 있습니다.

교우들끼리 자주 만나 어울리다 보면 자연스럽게 공동관심사인 교회에 관한 대화를 많이 하게 됩니다. 내가 섬기는 교회, 교회의 어느 직분자, 또는 한국교회 전반의 상황에 관하여 이야기를 나누게 되는데, 부정적인 이야기를 많이 하면 안 됩니다. 교회에 어떤 문제가 있든 교인들이 모여 교회를 비판하고 그 자리에 없는 다른 교인의 흉을 보는 것보다 더 큰 문제는 없습니다. 하나님이 절대로 기뻐하시지 않습니다. 만나면 긍정적인 이야기를 해야 합니다. 서로 돕는 이야기를 해야 합니다. 그러면 하나님이 기뻐하십니다. 함께 하시고 도와주십니다. 하나님은 우리가 자주 만나고 자주 모이기를 바라십니다. 그 자리에서 하나님도 함께 친구의 정을 나누고 싶으시기 때문입니다. 그리스도인이라면 누구나 알고 있듯이 하나님은 우리의 가장 친한 친구가 되기를 바라십니다.

하나님의 친구로 불린 사람들

하나님은 우리를 만드신 창조주입니다. 당연히 우리의 주인이
시고, 영적인 아버지이십니다. 또 우리의 구세주이시기도 합니다.
이렇게 우리와 다면적으로 우월한 관계를 맺고 계신 하나님께서
우리와의 관계에서 가장 바라시는 것이 바로 우리와 친구가 되는
것입니다. 우리는 에덴동산에서 하나님과 사람 사이의 이상적인
친분간계를 볼 수 있습니다. 하나님과 죄를 범하기 전의 인간은
창조주와 피조물의 관계를 떠나서 친구와 같은 친밀한 관계를 누
렸습니다. 그 관계에서 특별한 의식도 필요 없었고, 예식도 없었
고, 종교라는 이름으로 하나님과 사람 사이를 설정할 필요도 없었
습니다. 단지 하나님과 사람의 이상적인 관계가 있었을 뿐입니다.
그 사이에는 어떤 죄의식도 없었고 두려움도 없었습니다.

아담과 하와는 죄라는 것 자체를 알 수 없었고, 하나님으로 인
하여 기쁘고 행복한 날들을 보낼 수 있었습니다. 하나님은 아담과
하와의 행복한 삶을 보는 것만으로도 충분히 기뻐하셨습니다.

인간은 본래 하나님의 친절한 관심 속에서 하나님과 친밀한 교
제를 나누며 살도록 만들어졌습니다. 그러나 이러한 관계가 뱀의
등장으로 깨어져버리고 말았습니다. 뱀이 하와를 유혹하고 하와

는 아담을 끌어들였습니다. 아담은 하와와 함께 뱀의 유혹에 넘어가 불순종의 죄를 짓는 일에 앞장서버리고 말았습니다. 그들이 선악과를 먹었고, 그래서 하나님과 인간 사이의 이상적인 관계가 깨어지고 아담과 하와는 에덴동산에서 쫓겨났습니다.

그 후 구약시대에 다시 하나님과 친밀한 관계를 갖고 교제할 수 있었던 사람은 불과 몇 명에 지나지 않았습니다.

하나님은 모세와 아브라함을 친구라고 부르셨습니다. 모세는 이집트의 노예가 되어 고난의 삶을 살아가고 있던 이스라엘 민족에게 자유를 주기 위하여 하나님께서 특별한 방법으로 세우신 인물입니다. 하나님으로부터 지면에서 가장 온유한 자라는 칭찬을 들은 모세는 죽을 때까지 자신의 사명을 다했습니다.

아브라함은 갈대아 우르라는 곳에서 하나님의 명령에 순종하여 75년을 살아온 고향을 떠났습니다. 갈 바를 알지 못했지만 오직 믿음으로 하나님께서 지시하신 땅으로 갔습니다. 마침내 사명을 이루고 믿음의 조상이라는 귀한 이름을 얻었습니다.

하나님은 목동이었던 다윗을 이스라엘의 왕으로 세워주셨습니다. 천신만고 우여곡절 끝에 어려움을 극복하고 왕이 된 다윗을 하나님은 내 마음에 합한 사람이라고 칭찬하셨습니다.

그 외에도 다윗의 영적 스승이었던 사무엘, 끝까지 하나님과 동행한 에녹, 동방의 의인 욥, 하나님의 명령에 순종하여 방주를 지은 노아, 갈멜산에서 바알 선지자들과 대결한 엘리야, 이런 의인들이 하나님과 친밀한 관계를 유지했습니다.

그러나 그 시대에는 하나님과 친밀한 관계를 이야기하는 사람들보다는 무슨 이유인지 하나님에 대하여 막연한 두려움을 가지고 있는 사람들이 훨씬 더 많았습니다. 아마도 죄의 영향이었을 것입니다. 그런데 예수님께서 이러한 상황을 완전히 바꾸어 놓으셨습니다.

하나님과 우리의 화목제물

예수 그리스도께서 십자가에서 돌아가신 사건을 통하여 세상에 긍정적인 변화가 일어났습니다. 아무 죄도 없는 하나님의 독생자이신 예수 그리스도가 인간의 몸으로 이 땅에 오셔서 많은 이적과 기사를 행하며 제자들을 가르치셨습니다. 그리고 십자가에서 돌아가셨습니다. 그 결과, 아무도 예측하지 못했던 놀라운 일이 벌어지게 된 것입니다.

곧 우리가 원수 되었을 때에 그의 아들의 죽으심으로 말미암아 하나님과 화목하게 되었은즉 화목하게 된 자로서는 더욱 그의 살아나심으로 말미암아 구원을 받을 것이니라(로마서 5:10)

우리가 하나님과 원수가 되었을 때는 아담과 하와가 에덴동산에서 쫓겨났을 때입니다. 그 이후 예수님께서 오시기 전까지의 모든 시간 동안 하나님과 거의 모든 인간은 친구가 아닌 원수 사이였습니다. 그런데 하나님의 아들인 예수님이 죽었습니다. 아무 죄도 없는 예수님, 하나님의 아들이 억울하게 죽임을 당한 것입니다. 외형적으로 보면 하나님이 얼마나 분노하실 일입니까?

예수님께서 생전에 말씀하셨던 예화 중에 포도원의 비유가 있는데, 악한 종들이 주인의 종들을 욕보이다가 나중에는 주인의 아들까지 죽입니다. 그러자 주인이 군대를 몰고 와서 악한 종들을 다 죽였습니다. 이 예화대로 한다면 하나님은 마땅히 인간에게 벌을 주셔야 합니다. 그러나 하나님은 그렇게 하지 않으셨습니다. 아니 오히려 당신의 아들이 죽임을 당한 사건을 통하여 화해의 손을 내미셨습니다. 이것이 처음부터 하나님께서 세우신 계획이었습니다. 스스로는 도무지 해결할 수 없는 인간의 죄를 당신의 아들에게 담당시키시고, 그 사실을 믿는 인간에게 구원의 기회를 주기 위하여 하나님께서 계획하신 일이었습니다.

예수님께서 죽음으로 모든 인류의 죗값을 대신 치르셨을 때, 성전의 지성소에 드리워져 있던 휘장이 위에서 아래로 쭉 찢어졌습니다. 이 휘장은 사람과 하나님을 분리하는 의미를 지니고 있었습니다. 그런데 이 휘장을 인위적인 방법으로 찢은 것이 아니라 자연의 힘, 즉 하나님의 능력으로 완전하게 갈라지게 만드신 것입니다. 하나님과 사람을 분리하는 장막을 하나님께서 직접 찢으셨다는 것은 놀라운 일입니다. 하나님의 아들인 예수 그리스도께서 십자가에서 죽은 일로 인하여 죄가 없어진 인간이 하나님께 직접 나갈 수 있게 되었다는 사실을 상징적으로 보여주신 것이죠.

인류의 죄를 대신 담당한 속죄양이 되어주신 예수 그리스도의 희생으로 인하여 우리는 언제라도 하나님을 만날 수 있을 뿐만 아니라 하나님과 친구가 되는 특권을 누리게 되었습니다. 다만 하나님과 친구가 되려면 하나님께 대한 믿음이 있어야 합니다. 성부 하나님께서 무한하신 은혜를 베푸시어 성자 예수님을 보내주셨고, 예수님의 조건 없는 희생으로 하나님과 화목하고 구원받을 기회가 생긴 것입니다. 이러한 사실을 믿는 믿음이 있어야 합니다.

이제부터는 너희를 종이라 하지 아니하리니 종은 주인이 하는 것을 알지 못함이라 너희를 친구라 하였노니 내가 내 아버지께 들은 것을 다 너희에게 알게 하였음이라(요한복음 15:15)

여기서 주님이 말씀하시는 친구는 오다가다 얼굴을 아는 정도의 사이가 아닙니다. 친밀한 관계입니다. 하나님은 우리가 당신의 영광과 사랑 그리고 목적을 깊고 친밀하게 알기를 원하셨습니다. 하나님은 우리가 당신의 친구가 되게 하시려고 온 우주를 계획하신 분입니다. 그분이 역사의 모든 부분을 세밀하게 조율하셨을 뿐 아니라 우리 삶의 구체적인 부분까지 계획하셨습니다. 이런 사실을 우리가 분명히 알고 믿어야 합니다. 그래서 하나님을 더욱 사랑하고 화목할 수 있는 것이 우리에게 주어진 큰 특권입니다.

그런데 생각해보세요. 전지전능하시고, 눈에 보이지 않으시며, 완전무결하신 창조주 하나님과 유한하고 죄 많은 인간 사이에 친밀한 관계가 얼마나 가능하다고 생각합니까? 현실적으로 상상하기 어려운 일입니다. 누구든지 하나님과 나의 관계를 설명하라고 하면 주종관계, 조물주와 피조물의 관계, 아니면 아버지와 자녀의 관계로 이야기할 것입니다. 그런 표현이 더 현실적인 것이죠. 그러나 분명히 알아야 합니다. 하나님은 우리를 주종관계가 아니라 허물없고 막역한 친구로 대하기를 원하십니다. 하나님께서 우리와 친구를 하겠다고 하시는 것 자체가 우리에게 베푸시는 무한한 은혜입니다. 그렇다면 내가 과연 어떻게 해야 하나님의 뜻대로 친구의 관계를 유지할 수 있게 될까요?

하나님의 친구가 되는 가장 좋은 방법

하나님과 끊임없이 만나고 이야기하는 것입니다. 기왕이면 다 홍치마라는 말이 있고, 다다익선이라는 말도 있습니다. 온전한 그리스도인으로 성령 충만한 삶을 살기 원한다면 최선을 다하여 예배와 모임에 참석해야 합니다. 주일예배는 성도의 기본적인 의무입니다. 반드시 참석해야 합니다. 평일 예배도 힘껏 드려야 합니다. 모임도 마찬가지입니다.

우리에게는 세상 친구들이 있습니다. 그런데 가끔 한 번씩 보는 친구가 있고 자주 보는 친구가 있다면 그들 중에 누구와 더 친합니까? 똑같은 출가외인이라고 해도 시도 때도 없이 찾아와서 이것저것 챙겨주는 딸과 어쩌다 한 번씩 마지못해 얼굴만 내미는 딸 중에 누구에게 정이 더 가겠습니까? 상식적으로 생각하면 간단하게 답이 나옵니다. 나를 영원한 본향으로 인도해주실 하나님을 만나서 더욱 돈독한 관계를 만드는 일보다 더 급하고 바쁜 일은 세상에 없습니다. 그러니까 부지런히 예배드려야 합니다. 하나님과 친해지기 원한다면 예배드리는 것보다 더 좋은 방법은 없습니다.

그런데 하나님의 친구가 되기 위해서는 더 중요한 일이 있습니다. 우리의 삶, 모든 경험을 하나님과 나누는 것입니다. 예배와 모임도 중요하지만, 개인의 삶 속에서 하나님과 대화하는 일도 중요합니다. 이것이 하나님의 친구가 되는 가장 좋은 방법입니다.

17세기 프랑스 수도원의 조리사였던 로렌스 형제는 『하나님의 임재 연습』이라는 책을 썼습니다. 이 책을 읽으면 하나님과 끊임없이 대화하는 법을 배울 수 있습니다. 로렌스 형제는 식사를 준비하고 설거지를 하는 등의 일상적이고 작은 일들도 예배로 승화시킬 수 있었습니다. 또 이를 통하여 하나님과 끊임없이 교제할 수 있었습니다. 그의 삶은 늘 하나님과 동행하는 삶이었습니다.

우리도 이렇게 해야죠. 우리 자신을 위하여 하던 일들을 하나님을 위하여 하는 것이 하나님과 친구가 될 수 있는 좋은 조건이 됩니다. 먹는 것이든, 목욕하는 것이든, 일하는 것이든, 쉬거나 쓰레기를 버리는 일이라도 상관없습니다. 하나님께 예배드리는 것이 사실은 쉽고 간단한 일입니다. 모여서 드리는 예배가 아니어도, 삶 속에서 수많은 예배를 드려야 하고, 드릴 수 있습니다.

기도와 묵상을 통하여 하나님과 더욱 가까워질 수 있습니다. 때를 얻든 못 얻든 계속 기도해야 합니다. 기도는 하나님과 개인적으로 대화하는 것이기 때문입니다. 기도하지 않으면 하나님과 친구가 될 수 없습니다. 저는 짧은 기도로 하루를 시작하고 저녁 잠자리에 들 때, 베개에 머리를 묻고 이렇게 기도합니다. "오늘 하루도 함께 해주신 하나님! 감사합니다. 예수님의 이름으로 기도합니다. 아멘!"

하루가 온전한 기도의 시간인 셈이죠. 이렇게 삶 속에서 기도를 습관화할 때 하나님께서 우리를 기뻐하십니다. 아울러 성경은 우리에게 권면합니다. '하나님이 누구시고, 무슨 일을 하셨으며, 무슨 말씀을 하셨는지에 대하여 계속 묵상하라!' 그래서 더욱 친한 친구가 되라고 하십니다. 온종일 그분의 말씀을 생각하는 겁니다. 하나님께서 나에게 무슨 말씀을 하셨는지 알지 못한다면 아무리 애를 써도 하나님의 참된 친구가 될 수 없습니다. 하나님의 말씀을 모르면 하나님을 알 수 없습니다. 하나님을 모르면 하나님을 사랑할 수 없습니다.

하나님과의 대화-묵상

세상의 문제를 반복하여 생각하는 것을 걱정이라고 합니다. 대부분의 걱정은 기우입니다. 걱정의 90%는 쓸데없는 생각이라는 통계도 있습니다. 걱정하지 마세요. 그러나 하나님의 말씀을 반복하여 생각하는 것은 묵상이라고 합니다. 묵상은 하나님과 대화하는 것입니다. 하나님이 기뻐하시는 일이죠. 걱정하지 말고 묵상하는 것이 좋습니다.

욥과 다윗이 하나님의 친구가 될 수 있었던 비결이 있습니다. 그들이 하나님의 말씀을 가장 소중하게 생각했을 뿐 아니라 하나님의 말씀을 종일토록 생각했기 때문입니다.

내가 그의 입술의 명령을 어기지 아니하고 정한 음식보다 그의 입의 말씀을 키히 여겼도다 (욥기 23:12)

하나님과 끊임없이 대화하세요. 항상 기도하고 묵상하세요. 하나님은 우리와 친구가 되시기 위하여 당신의 아들을 희생하셨습니다. 그런데 우리가 하나님의 친구가 되는 방법은 희생도 아니고 수고도 아닙니다. 그냥 생각하는 겁니다. 그 정도는 해야죠. 그런데 우리가 하나님과 친구가 될 수 있는 배경에는 예수님이 계십니다. 예수 그리스도는 십자가에서 우리의 죄 짐만 짊어지신 것이 아닙니다. 우리와 하나님 사이의 화목제물이 되신 것입니다.

그뿐 아니라 이제 우리로 화목하게 하신 우리 주 예수 그리스도로 말미암아 하나님 안에서 또한 즐거워하느니라 (로마서 5:11)

하나님은 선하신 분입니다. 본질적으로 악이 없으신 분이고, 악을 미워하시기 때문에 악과 함께 계실 수 없으신 분입니다. 따라서 죄를 범한 인간은 결코 하나님과 함께할 수 없습니다. 그런 이유로 하나님은 선악과를 먹는 죄를 범한 아담과 하와를 에덴동산에서 쫓아내시고 화염검으로 동산을 둘러치셨습니다. 다시 에덴동산에 들어오지 못하게 하신 것이죠.

죄를 범한 아담과 하와가 다시 에덴동산에 들어와 생명나무의 열매를 먹으면 영원히 죄인으로 살게 되기 때문입니다. 이렇게까지 하셨지만, 하나님은 인간을 포기할 수 없으셨습니다. 그래서 마침내 당신의 아들을 통하여 인간을 용서하셨습니다.

그리스도의 십자가는 하나님의 아들인 예수님께서 인간이 지은 죄의 값을 대신 치러 죄의 문제를 근원적으로 해결하고 하나님과 인간 사이의 단절된 관계를 회복하기 위한 신의 한 수였습니다. 이렇게 그리스도의 희생으로 죄를 씻어내고 하나님과 화목을 이루게 된 사실을 믿기만 하면 죄를 씻어낼 수 있습니다. 그러면 하나님과 친구가 되어 영원한 구원의 자리에 머물 수 있는 것입니다. 이 사실을 믿는 믿음만 있으면 만사형통입니다.

하나님과 친구 되는 일이 그렇게 힘들지 않다는 말씀입니다. 하나님의 다양한 성품을 잘 알고 삶에 지혜롭게 적용하면 하나님과 친구가 될 수 있습니다. 우리가 모두 하나님의 친구다운 삶을 산다면 이 세상은 훨씬 살기 좋은 세상이 되겠죠. 주의 나라를 이 땅에 이룰 수 있습니다. 이를 위하여 예수님께서 이 땅에 오신 것입니다. 예수 그리스도의 희생을 값지게 여기고, 온전한 믿음으로 하나님이 하나님이신 것을 인정하고 그 하나님의 친구가 되어 주님의 은혜로 행복하게 사시기를 축복합니다.

스무 번째 이야기

하나님은 하나님이다

하나님과의 교제를 방해하는 것

이 책을 모두 읽은 분이라면 하나님께서 우리와 교제하기를 바라신다는 사실을 알 수 있을 것입니다. 우리의 기도를 기쁘게 들으시고, 당신의 계획 안에서 이루어주시고, 우리가 묵상하면 세미한 음성을 들려주기도 하십니다. 하나님과의 교제가 깊어지면 그만큼 영적인 그릇이 커지게 됩니다. 그러나 하나님과의 지속적인 교제는 결코 쉬운 일이 아닙니다. 어떻게든 하나님과 우리 사이를 이간질하려고 틈을 노리는 방해꾼들이 있기 때문입니다.

한국대학생선교회에서 한 지역의 대학생들을 섬기고 있는 목사님의 이야기입니다. 업무에 시달리거나 영적으로 피곤해지면 사무실에서 가까이 있는 산을 찾아갔습니다. 그리 높지 않은 등산로를 따라 산자락을 걸으면서 맑은 공기를 마시면서 하나님의 말씀을 묵상하면 영적으로 큰 힘을 얻을 수 있었기 때문입니다.

그런데 어느 날, 여느 때와 같이 산길을 걸으면서 하나님과 깊은 대화를 나누다 문득 그 자리에 멈추어 섰습니다. 길가에 큼직한 밤송이 하나가 떨어져 있는 것을 봤기 때문입니다. 그 밤송이를 줍고 주위를 둘러보니까 바로 산책로에서 몇 발짝 아래쪽에 아름드리 밤나무가 여러 그루 서 있었습니다. 평소에는 볼 수 없었습니다. 밤나무는 계속 거기 서 있었지만, 그동안 목사님이 그것을 인식하지 않고 있었던 것입니다.

그런데 그날 밤나무를 봤습니다. 밤송이도 주웠습니다. 아직 많이 알려지지 않은 길이라 그런지 제법 많은 밤을 주울 수 있었답니다. 목사님이 다음날도 그곳에 갔습니다. 밤을 주우러! 참 재미있었답니다. 그래서 그다음 날도 또 갔습니다. 밤을 주우러!

본래 그 길은 하나님의 말씀을 묵상하면서 하나님과 깊은 대화를 나누며 걷던 길이었습니다. 여러 날을 다른 날들과 다름없이 하나님을 묵상한다는 핑계로 산에 올라갔습니다. 그러나 그곳은 이미 하나님이 계신 곳이 아니었습니다. 하나님은 뒷전이었습니다. 밤송이에 눈이 가려서 하나님은 생각나지 않았습니다. 생활이 곤란해서 밤을 주워다 팔 것도 아니고, 가족들과 혹은 동료들과 간식거리로 나누려는 것입니다. 하찮은 것이죠. 그러나 그 하찮은 것에 정신이 팔려 하나님과의 교제가 동강나버린 것입니다.

여러 해 동안 친하게 지내고 있는 목사님의 고백입니다. 언제 봐도 겸손하고 복음의 열정이 충만하여 흠잡을 데 없이 신실한 주의 종입니다. 아마 사탄이 창을 비껴들고 목사님을 향하여 달려왔다면 단칼에 물리쳐버렸을 것입니다. 영적인 내공이 대단한 분이기 때문입니다. 그런데 정말 어이없게도 길가에 떨어진 밤송이 하나로 인하여 하나님과의 교제가 단절되어버리더라는 것입니다.

잘 훈련된 성도들은 사탄의 공격을 효과적으로 막아낼 수 있는 능력이 있습니다. 그러기에 교활한 사탄은 정면으로 도전하지 않습니다. 전혀 예상할 수 없는 하찮은 일을 통하여 넘어뜨리려고 합니다. 삶 가운데 일어나는 부정적인 일들, 예컨대 몸이 아프거나, 물질의 손해를 당하거나, 실직을 당하거나, 부부 사이가 나빠지거나, 배우자가 바람을 피우거나, 자식이 속을 썩이다 못해 큰 사고를 저지르거나, 모두 누구에게나 일어날 수 있는 일입니다.

이런 일들을 무조건 귀신 마귀와 연결 짓는 것에 전적으로 동의

하지는 않지만, 분명한 사실이 있습니다. 세상 권세를 잡은 불의한 영들이 우리의 삶 곳곳에 마치 지뢰와 같이 포진하고 있다는 사실입니다. 그래서 이러한 부정적인 일들이 일어날 수밖에 없는 필요충분조건들을 갖추어 놓고, 아차 하는 사이에 걸려들 수밖에 없는 미혹의 덫을 사방에 쳐놓고 우리가 그 덫에 걸려들기를 기다리고 있다는 것입니다. 그런 사단의 궤휼에 말려들지 않기 위하여서 늘 마음에 담아두면 유익한 하나님의 말씀을 소개해드립니다.

항상 기뻐하라 쉬지 말고 기도하라 범사에 감사하라 이것이 그리스도 예수 안에서 너희를 향하신 하나님의 뜻이니라(데살로니가전서 5:16~18)

항상 즐거워하고, 쉬지 말고 기도하고, 모든 일에 감사하는 삶. 이 세 가지의 권면이 그리스도 예수 안에서 우리를 향하신 하나님의 뜻입니다. 당신의 외아들 예수 그리스도를 십자가에 못 박아 죽게 하면서까지 우리를 끔찍하게 사랑하시는 하나님께서 우리에게 당부하는 말씀입니다. 권면인 동시에 명령입니다.

왜 이런 명령을 하십니까? 항상 즐거워하고, 쉬지 않고 기도하고, 무슨 일에서나 감사하는 것이 자기 자신에게 가장 큰 유익이 되기 때문입니다. 영적인 유익은 물론이요 육체적인 유익도 있습니다. 바울이 이 말씀을 기록한 의도는 하나님의 자녀들이 주님께서 다시 오실 날, 즉 재림을 잘 준비하게 만들기 위해서입니다.

예수님께서 언제 어떤 모습으로 다시 오실까? 이것은 데살로니가 교회뿐만 아니라 당시 초대교회 공동체의 가장 큰 궁금증이었습니다. 사실 그들은 예수님이 바로 오실 줄 알았습니다. 이천년이 지난 지금까지도 재림이 일어나지 않을 줄은 아무도 몰랐을 것입니다. 그래서 주의 재림이 늦어진다는 이유로 시험에 들고 교회를 떠나는 사람들도 많았습니다. 또 자기가 재림 주라고 주장하는 사이비 이단들도 많이 생겨났습니다.

오늘날도 똑같은 상황입니다. 지금도 각지에서 이단들이 일어나 들끓고 있습니다. 이렇게 영적으로 혼탁한 시대에 살면서 어떻게 해야 온전한 믿음으로 항상 기뻐하고 쉬지 않고 기도하고 범사에 감사하는 삶을 살 수 있을까요?

영적인 즐거움이 충만한 삶

우리의 삶이 아무리 신실하다고 한들 이렇게 사는 일이 쉬울 수는 없습니다. 이 험한 세상에서 항상 즐거워하는 삶을 산다는 것은 정말 불가능한 일입니다. 화나고 열 받는 일이 얼마나 많은데 어떻게 모든 일에 감사할 수 있겠습니까? 그것도 여간 어려운 일이 아닙니다. 쉬지 말고 기도하라는 말씀도 문자적으로는 해내기 힘든 일입니다. 이렇게 보니까 제대로 할 수 있는 것이 하나도 없습니다. 하지만 이 말씀에는 삶을 긍정적인 방향으로 바꾸는 힘이 있습니다.

항상 즐거워하세요. 여기서 말하는 즐거움은 세상이 주는 즐거움이 아닙니다. 영적인 즐거움입니다. 즉 성령의 기쁨을 의미하는 것입니다. 우리 안에 성령이 충만하면 세상 사람들이 이해할 수 없는 즐거움, 큰 기쁨이 우리의 삶을 지배하게 됩니다.

그 기쁨, 그 즐거움을 유지하기 위하여 항상 기도해야 합니다. 쉬지 말고 기도하라는 말씀은 눈 뜨고 숨 쉬며 사는 세상의 모든 삶을 기도와 같이 만들라는 의미입니다. 아주 작고 사소한 일 하나라도 하나님께 묻고 성령의 음성에 귀 기울이며, 그렇게 기도하듯이 세상을 살면 절대로 사단이 묻어놓은 지뢰를 밟지 않을 수 있습니다. 어떠한 사단 마귀의 모략이라도 모조리 걸러내고 이겨낼 수 있습니다. 그러면 감사가 늘어나게 되고, 모든 일에 감사한 삶을 살 수 있게 되는 것입니다.

그럼에도 불구하고 힘들고 어려운 일들이 찾아올 수 있습니다. 감당하기 힘든 고난과 맞서야 할 수도 있습니다. 그러나 그 일의 겉만 보지 마세요. 그 어려움의 배경에 반드시 하나님의 축복이 준비되어 있다는 사실을 믿고, 믿음의 눈으로 보면 고난도 얼마든지 감사의 조건이 될 수 있습니다.

예수 그리스도는 십자가의 고난을 알면서도 그 길을 가셨습니다. 그 길이 하나님께 순종하는 길이기도 했지만, 고난 너머에 찬란한 부활의 영광이 있는 것을 알고 계셨기 때문입니다. 이러한 영적 지혜가 필요합니다. 세상을 살면서 항상 즐거워하고, 쉬지 않고 기도하고, 모든 일에 감사하세요. 그러면 우리를 향하여 세워놓으신 하나님의 뜻을 이루게 되는 것입니다.

하나님은 하나님이다

고작 스무 가지의 이야기로 하나님을 모두 말하는 것은 불가능한 일입니다. 그러나 그중 어느 하나라도 마음에 새겨지고, 이를 통하여 유익한 믿음생활을 할 수 있게 된다면 그보다 더 좋은 일은 없을 것이라는 기대를 해봅니다.

목회를 시작할 때 저를 아는 사람들은 이런 이야기를 했습니다. '목사님은 예화거리가 많아서 설교준비하기도 쉬울 거예요.' 그만큼 다양한 인생을 살아왔습니다. 그러나 막상 목회과정에서 저의 수많은 인생경험은 거의 예화거리가 되지 않았습니다. 설교는 저의 이야기가 아니라 하나님의 이야기를 하는 것이기 때문입니다.

하나님의 다양한 모습을 통하여 성도의 믿음을 증진시키는 것이 목사의 일이기에 그 일에 충실하고자 노력하는 과정에서 저와 함께 하시는 하나님에 대한 나름의 경험과 생각을 정리해보았습니다. 그리고 하나님을 정의해봤습니다. 결론은 '하나님은 하나님이다'라는 것입니다.

하나님은 나의 하나님이고, 너의 하나님이고, 우리의 하나님입니다. 하나님은 사랑의 하나님이고, 은혜의 하나님이고, 우리를 부르시는 하나님이라는 것이죠. 우리는 그 하나님을 믿고 섬기고 사랑하고 친구로 삼아 의지하고 그 하나님과 함께 인생길을 걸어야 한다는 분명하고 귀한 사실을 결론으로 말씀드립니다.

이 세상에서의 삶은 평탄할 수도 있고 고난의 연속일 수도 있습니다. 하나님을 잘 믿으면 물질의 복을 받는다고 하지만, 하나님을 잘 믿는다고 해서 누구나 부자가 되는 것은 아닙니다. 믿음의 복이 반드시 물질의 복이나 건강의 복을 의미하는 것은 아니기 때문입니다. 찢어지게 가난한 삶을 산다고 해도, 병 투성이의 삶을 산다고 해도, 그럼에도 불구하고 하나님의 존재를 믿고 나의 삶을 통하여 역사하시는 하나님과 동행하는 삶을 산다면 그야말로 하나님께서 기뻐하시는 복 받은 인생을 사는 것입니다.

삶의 모든 순간을 통하여 온전히 하나님을 드러내고 하나님께 영광 올려드리는 믿음의 은혜가 영원하시기를 축복합니다.